Ullstein

ÜBER DAS BUCH:

Drei Monate, von Juni bis August 1996, verbrachte die Bürgerrechtlerin Bärbel Bohley in Bosnien, um Wiederaufbauhilfe zu leisten, Hilfsaktionen und Kulturprojekte zu koordinieren. Sie sieht sich in einem von Sozialismus und Bürgerkrieg gezeichneten Land, in dem die Menschen dem Frieden nicht mehr trauen. Es ist zugleich eine Konfrontation mit der eigenen Vergangenheit. Ihre Eindrücke hat sie in einem bewegenden Tagebuch festgehalten.

DIE AUTORIN:

Bärbel Bohley wurde 1945 in Berlin geboren. Nach ihrem Studium an der Staatlichen Kunsthochschule in Berlin-Weißensee lebte sie als freischaffende Malerin und Grafikerin. Als erklärte Pazifistin rief sie 1982 die Gruppe *Frauen für den Frieden* mit ins Leben, 1985 wirkte sie an der Gründung der Ostberliner *Initiative für Frieden und Menschenrechte* mit. Wegen ihres Engagements wurde Bärbel Bohley 1983/84 und 1988 vorübergehend verhaftet und aus der Berliner Sektionsleitung des *Verbandes der bildenden Künstler* ausgeschlossen (1983). So tatkräftig sich die Bürgerrechtlerin für den politischen Aufbruch der DDR einsetzte, so kritisch begleitete sie den Prozeß der Wiedervereinigung. 1991 wurde Bärbel Bohley mit dem *Bruno-Kreisky-Preis für Verdienste um Menschenrechte* ausgezeichnet, 1995 erhielt sie das *Bundesverdienstkreuz.*

BÄRBEL BOHLEY

Die Dächer sind das wichtigste

Mein Bosnien-Tagebuch

Mit einem Geleitwort von
Helmut Kohl

Ullstein

Ullstein Buchverlage GmbH,
Berlin
Taschenbuchnummer: 33223

Originalausgabe mit
28 Abbildungen
Februar 1997

Umschlagentwurf:
Simone Fischer und
Christof Berndt
Unter Verwendung eines Fotos von
dpa, Frankfurt/Main
Alle Rechte vorbehalten
© 1997 by Ullstein Buchverlage GmbH,
Berlin. Alle Bilder im Abbildungsteil
stammen von der Autorin
Printed in Germany 1997
Gesamtherstellung:
Ebner Ulm
ISBN 3 548 33223 4

Gedruckt auf alterungs-
beständigem Papier mit
chlorfrei gebleichtem Zellstoff

Die Deutsche Bibliothek –
CIP-Einheitsaufnahme

Bohley, Bärbel:
Die Dächer sind das wichtigste :
mein Bosnien-Tagebuch. Mit einem
Geleitwort von Helmut Kohl /
Bärbel Bohley. – Orig.-Ausg. –
Berlin : Ullstein, 1997
  (Ullstein-Buch ; 33223 :
  Ullstein-Zeitgeschichte)
  ISBN 3-548-33223-4
NE: GT

Geleitwort [des Bundeskanzlers]

Sarajevo ist eine Stadt mitten in Europa, weniger als tausend Kilometer von Berlin entfernt. Wer wie ich als Kind den Krieg noch erlebt hat, wer wie Bärbel Bohley als Kind noch in den Trümmern des zerbombten Berlin gespielt hat, bei dem werden angesichts der Not und des menschlichen Leids in Bosnien schlimme Erinnerungen wach. Bärbel Bohleys Tagebuch wühlt auf, es schildert Bedrückendes und fordert zum Nachdenken heraus. Es vermittelt Bilder von einer Eindringlichkeit, wie sie keiner Kamera gelingen können. Es ist aber auch ermutigend, weil es die Lebensenergie und den Aufbauwillen der Menschen vor Augen führt, die einen neuen Anfang wagen – wagen müssen.

Für mich spannt das Tagebuch aber auch den Bogen zur Zeitgeschichte unseres eigenen Landes. Bärbel Bohley gehört zu den mutigen Frauen und Männern, die in der ehemaligen DDR von der SED-Diktatur bespitzelt, verfolgt, drangsaliert und eingesperrt worden sind. Sie war dennoch nicht zum Schweigen zu bringen. Sie ist auch größten Schwierigkeiten nicht aus dem Weg gegangen, und ich bezeuge meinen großen Respekt davor, daß sie nun auch im zerstörten Sarajevo als Anwältin der geschundenen Menschen Zeichen der Hoffnung und Ermutigung setzt.

In ihrem Tagebuch begegnen wir auch Deutschen aus allen Regionen unseres Landes und Helfern aus anderen Nationen, Zivilisten und Soldaten, die sich alle mit großer Hingabe und unter hohem persönlichen Risiko zum friedenschaffenden, friedensichernden und humanitären Einsatz bereit erklärt haben. Sie alle verdienen unsere Hochachtung, unseren Dank und unsere Anerkennung. Sie geben Beispiele gelebter Solidarität mit den Opfern des Bürgerkrieges im ehemaligen Jugoslawien, die auch in der großen Zahl in Deutschland aufgenommener Flüchtlinge zum Ausdruck kommt. Das Tagebuch macht deutlich, wie dringend nötig die baldige Rückkehr dieser Menschen in ihre Heimat ist, wie sehr der Wiederaufbau Bosniens auch von ihnen abhängt.

»Die Zivilisation scheint nur eine dünne Haut zu sein, die jederzeit zerreißen kann« – so eine Tagebucheintragung am 30. Juni 1996. Ein Rückfall in Nationalismus und Chauvinismus und in die Barbarei des Krieges ist auch heute nicht nur auf dem Balkan denkbar. Für uns Deutsche ist es eine Schicksalsfrage, ob es uns gemeinsam mit unseren Freunden und Partnern gelingt, dem Europäischen Haus – um es in Anspielung auf den Titel dieses Buches auszudrücken - das gemeinsame Dach zu geben. Nur so werden wir Frieden und Freiheit auf unserem Kontinent dauerhaft sichern und erhalten können.

Es war nicht zuletzt die begeisternde Idee und

der unbestreitbare Erfolg der europäischen Einigung, die in den Staaten Mittel-, Ost- und Südosteuropas jene Kräfte stärkten, die schließlich zur Beseitigung des »Eisernen Vorhangs«, zur Beendigung des Kalten Krieges und zur Überwindung der Spaltung unseres Kontinents geführt haben. Wir werden weiterhin alles dafür tun, daß weitere Fortschritte beim Bau des Hauses Europa auch den Menschen im ehemaligen Jugoslawien eine Perspektive eröffnen – die Aussicht auf ein Leben in Frieden und Freiheit wie auch die Gewißheit, daß die Dächer, die sie jetzt ausbauen, ihnen auch in Zukunft Schutz gewähren.

Bonn, im Januar 1997　　　　　　　　　　Helmut Kohl

Bärbel Bohley war in Bosnien, und sie hat Tagebuch geführt.

Vielleicht eine Zwei-Zeilen-Meldung an nachrichtenarmen Tagen.

Aber wer Bärbel Bohleys Aufzeichnungen liest, wird ganz schnell feststellen, daß hier ein beeindruckendes Dokument entstanden ist.

Die Bürgerrechtlerin trifft mit ihren subjektiven Eindrücken immer wieder neuralgische Punkte der innerdeutschen Realitäten – und dann zuckt man zusammen –, und so ist es auch sicher gedacht.

Zwei Dinge waren es, die mich nach Lektüre des Tagebuches veranlaßt haben, die Veröffentlichung im Fernsehen via »3sat-Kulturzeit« und in dem vorliegenden Buch zu betreiben:
1. Es ist bemerkenswert und beschämend zugleich, daß eine Bürgerrechtlerin aus der ehemaligen DDR nicht in die gesellschaftliche Larmoyanz einstimmt oder sich in der neu gewonnenen Freiheit ausruht, sondern sich aktiv engagiert in einem der schlimmsten Krisenpunkte Europas – und dieses Engagement jetzt um ein ganzes Jahr verlängert hat.
2. Das Engagement von Bärbel Bohley trägt mit dazu bei, ein Thema auf der Tagesordnung zu halten, das allzu schnell verdrängt wird, wenn die blutige Tagesaktualität ausbleibt.

Die Veröffentlichung von Bärbel Bohleys Tagebuch war daher eine Selbstverständlichkeit – ein Dank für eine mutige Frau und ihr beispielhaftes Engagement.

Mainz, im Januar 1997

Engelbert Sauter – Koordinator 3sat

Samstag, 1. Juni 1996

7.00 Uhr. Es ist noch früh am Morgen. Ich sitze hier in Zagreb und warte darauf, daß ich morgen nach Berlin fliegen kann. Nur zweimal in der Woche gibt es auf dieser Strecke einen Flug. Die Sonne scheint in das kleine Zimmer. Von draußen dringt vertraut bereits vergessener Stadtlärm herein. Wie still ist es dagegen morgens in Sarajevo!

Vor vierzehn Tagen bin ich von Zagreb nach Sarajevo gefahren. Es kommt mir vor, als sei es eine Ewigkeit her. Am Abend bin ich in den Bus gestiegen, zwölf Stunden Busfahrt nach Sarajevo. Die ersten ausgebrannten Häuser im letzten Sonnenschein. In Bihać, gegen Mitternacht, mußten alle den Bus verlassen – Paßkontrolle, Durchsuchung des Gepäckraumes. Die Nacht war kühl, alle standen durch tiefes Schweigen verbunden um die Grenzbeamten herum. Ab und zu das Aufglühen einer Zigarette. Nach vierzig Minuten fuhren wir weiter. Im Mondschein konnte man ahnen, wie beeindruckend die Landschaft sein mußte. An den dunklen Straßenrändern tauchten immer wieder die gespenstischen Fensterhöhlen der zerstörten Häuser auf. Sie erschreckten mich. Diese Dörfer schliefen nicht, sie waren verlassen.

Rupert Neudeck hatte mich vor einigen Wochen gefragt, ob ich bereit wäre, für drei Monate nach Sarajevo zu gehen, um dort für das Komitee *Cap Anamur* ein Koordinationsbüro aufzubauen. Hilfsangebote aus Deutschland und Hilfeersuchen aus Bosnien sollten direkt miteinander verknüpft werden. Ja, ich wollte. Vielleicht würde ich in Sarajevo auch Antwort auf einige Fragen bekommen, die ich mir seit einigen Jahren immer wieder stelle. Ruanda, Bosnien, Tschetschenien – wie reagiert man darauf als Pazifist. Kann man bei soviel Gewalt und Terror Pazifist bleiben? Wie verteidigt man den Pazifismus?

Die Ankunft in Sarajevo am Morgen des 3. Juni glich der Rückkehr in etwas sehr Vertrautes. Diese Atmosphäre kannte ich sowohl aus dem Nachkriegsberlin meiner Kindheit als auch aus dem der DDR in den sechziger und siebziger Jahren. Die stumpfen, grauen, müden Gesichter, das stumme Gehetze der Laufenden, die Lethargie der Wartenden, der dreckige Busbahnhof, die breiten Straßen, die Architektur – alles kam mir vertraut vor. Es war eine bedrückende Mischung aus den Folgen des Krieges und denen des Systems.

Da mich niemand abholte und ich keine genaue Adresse von *Cap Anamur* hatte, fuhr ich zur deutschen Botschaft. Dort konnte mir auch niemand weiterhelfen. Gegen Mittag kam zufällig jemand von *Cap Anamur* in die Botschaft, um Post abzuholen. Wir fuhren ins Oskar-Schindler-Haus, in dem das Friedenscorps von *Cap Anamur* wohnt.

Fünfzehn junge Deutsche sind hier. Es gibt mehrere Projekte von *Cap Anamur* in Sarajevo. Einige laufen bereits seit 1993. Ich wohne mit Jörg, einem jungen Mann, der in der DDR acht Jahre bei der Armee war, und Sebastian, einem jungen Arzt, der auch in der DDR groß geworden ist, in einem Haus. Es gehört einer alten Serbin. Die meisten Serben haben Sarajevo verlassen. Die wenigen, die geblieben sind, haben es schwer.

<u>Dienstag, 4. Juni 1996</u>

Vieles im Land ist zerstört, aber in Sarajevo sieht es am schlimmsten aus. Die großen ausgebrannten Hochhäuser, wer soll sie wieder aufbauen? Müllberge, Reste von Straßenbarrikaden, ausgebrannte Autos, das alles zusammen macht einen hoffnungslosen Eindruck. Die Menschen sehen traurig aus, trotzdem scheint der Haß unterschwellig noch immer da zu sein. Dem Frieden trauen sie alle nicht. Immer noch liegen Sandsäcke in vielen Fenstern, auch in der deutschen Botschaft. Sonst gaukelt die Stadt Normalität vor. Seit vier Wochen gibt es regelmäßig Strom. Zwischen Cafés und Straßenbahnen werden Kühe geweidet.

Heute bin ich mit Jörg, der mehrere Projekte betreut, in die Suppenküche gegangen, die von *Cap Anamur* gemeinsam mit den hiesigen Franziskanern geführt wird. Die Küche befindet sich im Keller eines Neubaus. Von außen ist sie nicht erkennbar. Wir klopfen an eine Eisentür, und nachdem uns ein Mann, der die Lebensmittel bewacht, geöffnet hat, gelangen wir über eine schmale Eisentreppe in den Keller. Die Mittagszeit ist vorbei. Die Köchinnen sitzen müde an einem kleinen Tisch und trinken Kaffee. Schimmelflecken schlagen durch den ehemals weißen Farbanstrich. An den Wänden hängen Ölgemälde. Die vier bosnischen Frauen kochen täglich dreihundertfünfzig Mahlzeiten. Die Küche liegt in Novigrad, einem der üblichen sozialistischen Neubauviertel. Es war sicher schon vor dem Krieg häßlich. Ich sehe keine Spielplätze. Und sicher gab es auch damals kaum Bäume. Die wenigen sind im Krieg verheizt worden. Vor allem in diesem Neubaugebiet sind in den Häusern viele zerschossene und ausgebrannte Wohnungen. Überall liegen noch Überreste der Barrikaden. Zerschossene und ausgebrannte Autos hatte man zusammengetragen und die Zwischenräume mit Sandsäcken verstopft, um Schutz vor den Kugeln zu suchen. Zwischen den Hochhäusern haben sich die Leute kleine Gärten angelegt. An manchen Stellen wurde sogar der Beton aufgebrochen, um ein bißchen Erde für die Radieschen zu finden. Auf den Straßen sind kaum Menschen zu sehen. Sie muten wie Genesende an, die die ersten Sonnenstrahlen genießen. Über allem liegt eine feierliche Stille.

Wie die Menschen hier während des Krieges zwischen Barrikaden und zur Tarnung aufgehangenen Teppichen gelebt haben, ist immer noch zu spüren. Kinder, die unter diesem Belagerungszustand groß geworden sind, spielen leise zwischen den Resten verrosteter Autos.

Es scheint eine Atempause zu sein, um sich ein bißchen zu erholen. So sind vielleicht die Kriege der Zukunft. Man kämpft, die Zivilisation hält eine Weile stand, bröckelt, geht kaputt, man macht eine Pause, um ein wenig aufzubauen, dann geht der Krieg weiter.

Die Stadt sieht aus wie eine bulgarische Stadt. Man weiß nicht genau, ob es der Krieg war oder das System, daß alles so entsetzlich heruntergekommen ist. Alles hat osteuropäischen Standard. Darum fühle ich mich gleich zu Hause. Ich spüre in allem den Kampf des Systems gegen das Leben. Der reale Krieg ist nur der Höhepunkt.

<u>Mittwoch, 5. Juni 1996</u>

Ein wichtiges Vorhaben von *Cap Anamur* ist das Minenräumprojekt. In Grbavica, dem Stadtteil, der auf der serbischen Seite der Frontlinie lag und in dem bis zum Schluß heftig gekämpft wurde, sollen ein großer Park und das Flußufer von Minen gesäubert werden. Ursprünglich wollte Uwe, den ich noch aus den Gründungstagen des *Neuen Forum* kenne, dieses Projekt leiten. Fast genauso wie er damals verschwand, verließ er auch diesmal Sarajevo und ging als Minenräumer nach Moçambique.

Dort hat er inzwischen beim Minenräumen ein Bein verloren. Jetzt arbeiten in dem Projekt zehn Bosnier. Sechs davon sind Minensucher, vier sind Spezialisten, die die Mienen entschärfen sollen. Als ich mit Jörg zu dem alten NVA-Container komme, in dem die gefundenen Minen aufbewahrt werden, um sie später zusammen zu sprengen, sitzen dort einige Minenräumer mit bedrückten Gesichtern. Sebastian kommt uns aufgeregt entgegen und erzählt, daß vor einer halben Stunde Ramiz, der bosnische Leiter des Projektes, auf eine Mine getreten ist. Am Abend hören wir, daß ihm ein Unterschenkel amputiert werden mußte. Das andere Bein kann vielleicht gerettet werden. Zwei Tage zuvor wurden ebenfalls zwei Kinder beim Spielen lebensgefährlich verletzt. Die nächsten Unfälle zeichnen sich ab. Das zivile Minenräumen ist ein gefährliches Abenteuer, aber wer sonst soll die Minen räumen? Die IFOR-Truppen tun es nicht bzw. fühlen sich nur für ihren eigene Sicherheit zuständig. Bosnien ist nach Angola und Moçambique das am meisten von Minen verseuchte Land der Erde, trotz der relativ kurzen Dauer des Krieges.

Donnerstag, 6. Juni 1996

Die Arbeitslosigkeit beträgt in Bosnien einundneunzig Prozent. Alle leben von winzigen Renten und Unterstützungen. Die Renten betragen zwischen zehn und zweihundert Mark. Die Preise sind fast dieselben wie in Deutschland. Die Deutsche Mark ist offizielle Währung. Fast alle Waren sind in DM ausgepreist. Bisher habe ich erst einen alten Professor kennengelernt, der zweihundert Mark Rente erhält. Vor dem Krieg war er Leiter des größten Klinikums in Sarajevo. Fast alle sind auf Unterstützung durch die humanitären Organisationen angewiesen. Es gibt genug Lebensmittel zu kaufen, aber nicht genug Menschen, die sie sich kaufen können.

Unsere Lebensmittel kaufen wir auf dem Markt. In Sarajevo gibt es inzwischen schon wieder mehrere Märkte. Manchmal fahre ich mit Jörg zu dem größten. Wir kommen an der ausgebrannten Nationalbibliothek vorbei und dem ehemaligen Fußballstadion, das heute ein riesengroßer Friedhof ist. Auf allen Hügeln am Stadtrand sind ebenfalls neue Friedhöfe angelegt worden. Während des Krieges sind in Sarajevo fünfzehntausend Menschen erschossen worden, verhungert oder erfroren. Tausendeinhundert von ihnen waren Kinder. Heute haben wir anschließend die Franziskaner besucht. Der Oberhirte der bosnischen Franziskaner, Petar Andjelovic, spricht sehr gut deutsch. Zu den Franziskanern hat *Cap Anamur*, seit sie hier ist, guten Kontakt. Die Franziskaner sind die einzigen, die während des Krieges alle unterstützten, ganz egal, zu welchem Gott sie beteten.

Am Abend fahre ich mit Sebastian ins Hotel Bosna. Es ist eines der besten in Sarajevo, aber sehr wenige Gäste sitzen an den Tischen. Dort bin ich mit dem ehemaligen Postminister Christian

Schwarz-Schilling verabredet, der in Bosnien die neuen Gemeinden bei ihren Verhandlungen unterstützt. Er erzählt, wie schwierig es sei, alle an einen Tisch zu bekommen. Spätestens wenn er ins Auto steigt, laufen die Serben, Moslems und Kroaten wieder auseinander. Trotzdem sind die Menschen den Deutschen dankbar für ihre Unterstützung und dafür, daß sie dreihundertfünfzigtausend Flüchtlinge aufgenommen haben. Sie wollen auch, daß die Flüchtlinge zurückkommen, denn sie werden für den Wiederaufbau des Landes gebraucht. Aber die Flüchtlinge leben in Deutschland mit Sozialhilfe besser als die Hiergebliebenen.

Freitag, 7. Juni 1996

Am Vormittag bin ich mit Sebastian zur Versicherung gegangen, um den Unfall unseres Minensuchers zu melden. Natürlich ist der schon bekannt, aber die Versicherung zahlt erst, wenn die Behandlung abgeschlossen ist. Die Bearbeiterin sucht in einer Liste nach dem Grad der Versehrtheit. Wer einen Unterschenkel verliert und zusätzlich eine Beschädigung des zweiten Beines hat, bekommt zwischen vierzig und sechzig Prozent der Versicherungssumme. Im Fall von Ramiz wären das höchstens sechzigtausend Mark. Wer eine Hand verliert, ist nach diesen Maßgaben so gut wie unversehrt. In den nächsten Jahren werden noch viele in Bosnien zu Krüppel werden. Man sieht schon jetzt jeden Tag viele in der Stadt, auch junge Frauen, mit einem Arm. Ihr Anblick tut besonders weh.

Als ich das erstemal über den Bahndamm nach Otes fuhr, traute ich meinen Augen nicht. Das ist das zerstörteste Gebiet, das ich bisher gesehen habe. Gerade noch die Grundmauern der Neubauten und Einfamilienhäuser sind stehengeblieben. Wie ausgestorben liegt Otes da. In der Ferne sehe ich das erste rote Ziegeldach in der Sonne blinken. Wie schön ist so ein neues Dach! An den Anblick der sinnlosen Zerstörung habe ich mich immer noch nicht gewöhnt.

Hier hat *Cap Anamur* im März mit einem Wiederaufbauprojekt begonnen, das sehr beeindruckend ist. Otes wurde bereits 1992 von den Serben eingenommen und nahezu dem Erdboden gleichgemacht. Noch immer sind fast alle Häuser zerstört, die acht neuen Dächer leuchten jedoch wie Hoffnungszeichen. Die Häuser, die wir wieder herrichten wollen, werden gemeinsam mit der Gemeinde festgelegt. Entschieden wird nach der Bedürftigkeit der Antragsteller. Ein Haus wurde wieder aufgegeben, weil der Hausbesitzer ständig Extrawünsche hatte und mit allem unzufrieden war. Seitdem gibt es schon Überlegungen, ob die Gemeinde nicht doch indirekt beeinflussen kann, wer auf die Liste kommt. Die Häuser sollen so aufgebaut werden, daß die Dächer gedeckt sind und es Strom und Wasser gibt. Außerdem werden, der Anzahl der Bewohner entsprechend, Räume hergerichtet.

Es ist sehr heiß in der Mittagssonne. Ich bin plötzlich sehr froh, daß die Jugendlichen so viel Kraft haben. Bei der Hitze könnte ich keine Sandschaufel mehr heben. Am Nachmittag will ich mit Sebastian nach Kiseljak fahren, um Teppichboden zu kaufen, der in einigen Räumen ausgelegt werden soll. Wir vermessen die Räume und lernen dabei einige Bewohner kennen, die bereits in den halbfertigen Häusern leben. Ivo, ein kleines altes Männlein, rennt mit einem so freudigen Gesicht herum, als wäre jeden Tag Weihnachten, denn er soll eine Toilette in sein Haus bekommen, obwohl vorher keine vorhanden war. In einem anderen Haus wohnt eine alte Frau mit ihrem Sohn, der beide Beine verloren hat. Im ersten Haus, das hergerichtet wurde, wohnt eine Frau mit ihren Enkelkindern, ein Sohn ist gefallen. Sie besitzt nur zwei Matratzen. Das ist unvorstellbar wenig.

Dann fahren wir nach Kiseljak, das zum kroatischen Teil Bosniens gehört. Es liegt etwa dreißig Kilometer von Sarajevo entfernt. Die Moslems sind auch dort verjagt worden. Die Kroaten fahren lieber in das hundertzwanzig Kilometer entfernte Krankenhaus von Mostar, als daß sie nach Sarajevo ins Krankenhaus gehen würden. Aber auch kein Moslem würde je nach Kiseljak zum Einkaufen fahren, obwohl es dort fast alles gibt. Am Ortseingang kontrolliert die Föderationspolizei. Im Ort selbst ist nur kroatische Polizei zu sehen. Die Föderation wird zwar proklamiert, aber sowohl die Serbische Republik als auch die kroatische Seite tun alles gegen sie. Langsam durchschaue ich das ganze Durcheinander, obwohl Ismet, unser bosnischer Bauleiter, sagt: »Das glaube ich dir nicht, denn seit vier Jahren sehen wir selbst nicht mehr durch.«

Samstag, 8. Juni 1996

Mit Sebastian bin ich am Abend zur Quelle der Bosna gefahren, dem einzigen Erholungsgebiet, das für die Bewohner Sarajevos schnell zu erreichen ist. Berge von Müll und Papier. Im Dunkel singt eine Nachtigall. Obwohl um 23.00 Uhr überall die Ausgangssperre beginnt, bekommen wir noch ein Glas Wein. Unsere Diskussion setzen wir zu Hause fort. Sebastian hat in der DDR Medizin studiert. Die DDR möchte er nicht wiederhaben, trotzdem wählt er die PDS. Seine Eltern, die sich nach der Wende scheiden ließen, sind ebenfalls PDS-Wähler. Fast trotzig verteidigt er die DDR, vielleicht nur, weil er glaubt, daß die Wiedervereinigungsprobleme zur Scheidung seiner Eltern führten. Ich kann es nicht mehr hören, wenn er immer wieder sagt, daß die Deutschen nur ihre eigenen Probleme sehen würden. Auch er kann hier nur arbeiten, weil es viele Leute in Deutschland gibt, die diese Arbeit finanzieren, denn *Cap Anamur* ist eine der wenigen Organisationen, die nur mit Spendengeldern arbeiten. Sebastian ist der Meinung, daß es in Deutschland für einen jungen Arzt keine wirklich großen Aufgaben gibt. Ich glaube, das ist Selbstbetrug, denn natürlich gibt es für einen Arzt überall große Aufgaben. Was ihn eigentlich forttreibt ist das Gefühl, in dem jetzigen Deutschland noch nicht seinen Platz gefunden zu haben. Trotzdem ist diese Arbeit eine unersetzbare Erfahrung, vielleicht trägt sie auch dazu bei, seinen Platz zu Hause zu finden. Ich habe geahnt, daß die Ostwestproblematik auch in Sarajevo nicht an mir vorübergehen wird . . .

Sonntag, den 9. Juni 1996

Wir arbeiten von Montag bis Samstag, Sonntag ist arbeitsfrei. Am Vormittag besuche ich mit Sebastian einige seiner Patienten. Er hat in den Wochen, in denen die Serben Grbavica verlassen haben, sehr viel für die Hiergebliebenen getan. Die Serben zündeten ihre eigenen Wohnungen an, bevor sie sie verließen. Sie nahmen alles mit, was nicht niet- und nagelfest war. Bis zum 18. März mußten sich die Serben von Grbavica entscheiden, ob sie in Sarajevo bleiben oder in die Serbische Republik übersiedeln wollten. Fast alle Serben haben Bosnien verlassen. Aber bis dahin herrschte in den serbisch besetzten Stadtteilen die Anarchie. Es wurde geraubt, geplündert und gemordet. Viele alte Leute kamen nicht mehr aus den brennenden Häusern. Die IFOR-Truppen schauten zu. Es gab keinen Befehl zum Eingreifen, denn keiner wollte die Verantwortung übernehmen. Sebastian brachte den Leuten Lebensmittelpakete und holte sie notfalls aus den brennenden Häusern. Wir besuchen einige seiner alten Patienten. Einer wohnt ganz allein in einer völlig zerbombten Straße. Auf einem schmalen Pfad durchqueren wir vorsichtig einen kleinen verminten Hinterhofgarten. Unten im Haus stinkt es nach Urin und Scheiße. Müll und verlassener Hausrat liegen herum.

Sofort steigen Kindheitserinnerungen hoch. So sah es auch in den Ruinen aus, in denen ich gespielt habe. Ich weiß, jetzt muß man die Luft anhalten, oben wird sie besser. Im zweiten Stock wohnt Slobodan, ein alter Serbe, der Grbavica nicht verlassen hat. Wahrscheinlich hätte er es auch nicht gekonnt, denn er ist krank und völlig abgemagert. Er liegt auf seinem Sofa in der winzigen Küche. Auf dem Tisch befinden sich Medikamente. Er freut sich sehr, weil wir ihn besuchen. Ein Bekannter ist bei ihm, der ihn lange nicht gesehen hat. Die meisten Menschen sind während des Krieges sowenig wie möglich aus dem Haus gegangen. Jetzt beginnt das Leben wieder normal zu werden. Sie schauen, wer überlebt hat. Damit beginnt auch die Nachbarschaftshilfe wieder, ohne die man hier kaum überleben kann.

Dann besuchen wir Anna Pinter, die unter unvorstellbaren Zuständen im Keller eines Neubaus lebt. Hier hat sie auch schon vor dem Krieg gewohnt, damals allerdings in einer abgeschlossenen Kellerwohnung. Dann war ein anderer Hausbewohner gekommen, dessen Wohnung abgebrannt ist, und hat die alte Serbin von dort vertrieben. Sie ist gerade dabei, Wasser von der fünfzig Meter entfernten Wasserstelle zu holen. Unter dem rechten Arm eine Krücke und in der linken Hand einen kleinen Kanister, bietet sie das vollkommene Bild des verlassenen, hilflosen alten Menschen. Fast blind tappt sie zwischen den Neubauten auf uns zu. Als sie Sebastian erkennt, gleitet ein Strahlen über ihr Gesicht. Der Wassermangel hat auch in ihrem Keller Spuren hinterlassen. Alles klebt. Trotzdem ist sie mit ihrem acht Quadratmeter großen Verschlag zufrieden – Küche und Zimmer zugleich, ohne Tür, ohne Wasser, aber wenigstens mit Strom, den ihr Ruperts Sohn Marcel gelegt hat. Über die Schachtel Zigaretten ist sie glücklich wie ein Kind. Alle in Sarajevo rauchen.

Die nächste Patientin ist Goga. Ihre Wohnung wurde gerade von einer Hilfsorganisation renoviert. In den Fenstern sind wieder Glasscheiben. Die Wände sind frisch gestrichen. Beim Abschied betet sie lange für uns. Goga ist wahrscheinlich sechsundneunzig Jahre alt, ihr genaues Alter weiß sie nicht mehr. Diesen Krieg hat sie jedenfalls auch überlebt.

Dann fahren wir zu Dara. Auch Dara ist Serbin und lebt in einem kleinen Haus auf einem Hügel. Alle anderen Bewohner dieser Straße haben Sarajevo verlassen. Um zu ihr zu kommen, müssen wir erst über einen riesengroßen Müllberg steigen, der den Zugang zu ihrer Straße versperrt. Dara sammelt gerade Rosenblätter, um Saft daraus zu machen. Die riesengroßen Augen dieser winzigen Frau drücken Ratlosigkeit aus. Dara spricht deutsch, denn im Zweiten Weltkrieg war sie als Zwangsarbeiterin in Deutschland. Zuerst rührt sie uns aus Milchpulver ein Glas Milch zurecht. Dann setzt sie sich auf ein Kinderstühlchen. Der winzige Garten liegt friedlich in der Mittagssonne. Aber wie wird der nächste Winter sein! Bis dahin muß sich entscheiden, ob der Frieden hält und ob die Menschen eine Zukunft haben.

Am Schlimmsten ist es immer für die Alten. Die Jungen haben eine irrsinnige Lust, die verlorenen Jahre nachzuholen. Das erinnert mich an die Zeit in der DDR nach 1989. Ich bin also wieder im Osten angekommen!

Jedenfalls überblicke ich zum erstenmal die Landkarte dieser Gegend. Es ist schwer vorstellbar, daß sie so bleiben wird. Hinter dem Berg liegt die Serbische Republik. Überall gibt es Enklaven auf bosnischem Gebiet. Sie sind autonom, haben eine eigene Polizei. Aber Zusammenleben kann so nicht funktionieren. Ich werde hier provoziert, über den Regionalismus nachzudenken. Das er sich so brutal durchsetzt, ist sicher eine Reaktion auf die Gleichmacherei vorher. Aber eine Chance hat er nur, wenn er sich einem übergeordneten Gedanken unterordnet, zum Beispiel der Toleranz, den Menschenrechten.

Montag, 10. Juni 1996

Seit dem Unfall am Mittwoch hatten die Minenräumer frei. Sie sollten sich überlegen, ob sie weiter in dem Projekt arbeiten wollen. Wir treffen uns um 9.00 Uhr. Bis auf einen 22jährigen wollen alle weitermachen. Sie beschließen, um 6.30 Uhr mit der Arbeit zu beginnen, denn die Hitze macht jede Konzentration unmöglich. Gestern sind wieder zwei Kinder auf eine Mine getreten. Eine alte Frau, deren Garten bereits geräumt war, hat es ebenfalls erwischt. Sie hat beide Beine und einen Arm verloren. Die Minen sind durch nichts zu rechtfertigen, sie wurden nicht nach militärischen Gesichtspunkten, sondern nach kriminellen verlegt. Minen, die in Kinderspielzeug versteckt und unter Teppiche geklebt werden, oder Autoreifen, die mit Sprengstoff gefüllt waren, sind allein gegen die Zivilbevölkerung gerichtet. In diesem Krieg ist kriminelle Energie und Menschenverachtung die stärkste Antriebskraft gewesen. Wenn man über der Stadt auf den Hügeln steht, steigt Angst hoch. Was sind das für Menschen, die hier oben Fußball spielten, ab und an durch ein Zielfernrohr blickten und abdrückten. Begräbnisse, Wasserstellen, Märkte – friedliche Orte – waren die beliebtesten Objekte für diese Menschenjäger. Ich ahne es. Diese Menschenverachtung ist der ständige Begleiter totalitären Denkens. Diese Mißachtung alles Menschlichen findet immer und überall ihre Handlanger. Wie kann man ihnen Einhalt gebieten?

Dienstag, 11. Juni 1996

Am Morgen besuchte ich mit Jörg die serbischen Mitarbeiter des Hausbesuchprojektes. Drei Krankenschwestern und eine Ärztin betreuen in den Stadtbezirken Dobrinja und Novigrad achtzig serbische Patienten, vorwiegend alte Menschen. Vera, die Ärztin, berichtet kurz über den Zustand eines jeden Patienten. Jörg notiert die benötigten Medikamente. Zwei alte Frauen sind in der letzten Woche gestorben. Es gibt bosnischen Kaffee und Schinken, den Veras Mann von einem Verwandtenbesuch aus Serbien mitgebracht hat.

Mittwoch, 12. Juni 1996

Sebastian holt Rupert Neudeck aus Split ab, denn der Flughafen in Sarajevo ist für den zivilen Flugverkehr noch nicht freigegeben. Sie kommen gegen 23.00 Uhr bei uns an. Wir sprechen noch lange über die Projekte in Sarajevo und die Arbeit von *Cap Anamur* in Liberia.

Donnerstag, 13. Juni 1996

Heute abend haben wir unser Büro eröffnet. Das Haus liegt sehr abgelegen, vielleicht haben es deshalb die eingeladenen Journalisten nicht gefunden.

Gekommen ist der für Bosnien verantwortliche Mitarbeiter der deutschen Botschaft. Er ist ein stiller, angenehmer, jüngerer Mann. Vielleicht kann man mit ihm zusammenarbeiten.

Eine Besonderheit ist das Oskar-Schindler-Haus. Es gehört einem Bosnier, der seit zwanzig Jahren in Deutschland lebt und in dem Haus seinen Lebensabend verbringen wollte. Er hat es an *Cap Anamur* vermietet. Man hat das Haus nach Oskar Schindler benannt, weil es auch in diesem Krieg Menschen gab, die anderen, in Not geratenen Menschen helfen wollten, unabhängig von Glauben und Herkunft.

Gegenwärtig leben vor allem Jugendliche dort, aber wie die Jugendlichen im Oskar-Schindler-Haus leben, gefällt mir nicht. Jeder ißt für sich allein, sie sind ziemlich schlampig. Ihr Verhalten scheint fast asozial. Sie erinnern mich an die Berliner Hausbesetzerszene. Die beiden älteren Handwerker sehen nicht sehr glücklich aus. Am Abend gibt es noch eine dieser völlig unkonstruktiven Diskussionen, die immer total ins Leere laufen, weil sich einer profilieren will und ihm deshalb alle Mittel recht sind. Von der Demagogie bis zur Drohung reicht das Repertoire. Martin, acht Jahre Flieger bei der Bundeswehr, jetzt Maurer, greift Sebastian heftig an. Er beschwert sich darüber, daß er so wenig Geld verdient. Er beschwert sich, weil die hiesigen Baubedingungen nicht den deutschen entsprechen. Er beschwert sich, weil es keinen Bauleiter gibt. Der Rest der Gruppe schweigt. Daß es in Otes aber acht wiederaufgebaute Häuser gibt, in denen in diesem Winter wieder Menschen wohnen können, haben alle vergessen. Wenn nur so wenig Zeit für ein sinnvolles Projekt zur Verfügung steht, sollten die Leute nach Hause geschickt werden, die nicht mitziehen können oder wollen.

Danach bin ich noch mit Sebastian und Rupert Neudeck zu den Franziskanern gefahren, um mit Pater Petar zu sprechen.

<u>Freitag, 14. Juni 1996</u>

Mit Ismet und Rupert Neudeck morgens um 7.00 Uhr von Sarajevo nach Zagreb gefahren. Die zerstörten Häuser begleiten uns bis zur Save. Angeblich soll eine Pontonbrücke der Amerikaner jetzt für den Zivilverkehr zugänglich sein. Als wir ankommen, erfahren wir, daß die Amerikaner sie abgebaut haben, weil die zuständige Gemeinde Brückenzoll kassiert hat. Nun müssen wir doch mit einer der wenigen Fähren über den Fluß. Das kostet uns zwei Stunden, obwohl diese Fähre noch nicht bekannt ist. Am merkwürdigsten mutet der Weg durch das ehemals kroatische, heute zu Serbien gehörende Gebiet an. Uralte Gehöfte liegen in der Sonne. Auf dem Feld arbeiten die Männer mit nacktem Oberkörper. Die Frauen sind in den Obstgärten beschäftigt. Alles sieht so friedlich aus. Man vergißt fast, daß dieses Gebiet erst im vergangenen Jahr von den Serben erobert wurde. Wie gut schlafen die Serben in den Betten der vertriebenen Kroaten?

Wie schwer gräbt sich diese fremde Erde um? Welche Wurzeln sind nicht vorhanden, wenn man sich in einem fremden Haus so bewegt, als wäre es seit Jahrzehnten das eigene? Nur die mit kyrillischen Buchstaben schlecht übermalten Schilder an den Wirtshäusern weisen noch darauf hin, daß hier vor kurzem ganz andere ihr Bier getrunken haben. Dreißig Kilometer fahren wir auf einer schmalen Straße, die von den IFOR-Truppen kontrolliert wird, durch Feindesland, dann sind wir auf der Autobahn Richtung Zagreb. Gegen Nachmittag kommen wir dort an. Zuerst wollen wir einen Freund Ruperts besuchen, der einen Verlag in Zagreb hat. Aber er ist nicht da. Als wir Rupert zum Flughafen bringen, erwartet uns dort schon Ismets Sohn, der mit seiner Schwester seit zwei Jahren in Zagreb lebt. Ismet, der zwölf Jahre in Deutschland gearbeitet hat, um sich in Sarajevo einen Elektroladen aufzubauen, hat während des Krieges alles verloren. Er sagt, wir wollten nicht noch unsere Kinder verlieren, deshalb haben wir sie hierher gebracht. An diesem Wochenende will er seine Tochter nach Hause holen. Sie ist inzwischen siebzehn Jahre alt. Ich fühle mich wie ein Störenfried, denn alle drei haben sich lange nicht gesehen. Ismet legt sich mit seinem 23-jährigen Sohn zusammen auf das Sofa. Sie sehen sich gemeinsam ein Fußballspiel an. Diese Nähe, die sich so unmittelbar offenbart, läßt ihre Einsamkeit in den letzten Jahren ahnen.

Sonntag, 16. Juni 1996

Sandra, Ismets Tochter, hat ihren kärglichen Besitz, ein paar Anziehsachen, Schlümpfe und Bücher, eingepackt. Eine Freundin, die auch aus Bosnien mit ihrer Familie flüchtete, kommt, um sich zu verabschieden. Sie bleibt in Zagreb, weil ihre Eltern nicht wissen, wohin sie zurückkehren sollen. Ihr Dorf gibt es nicht mehr.

Ismet hat Angst, durch das serbische Gebiet zu fahren. Um 9.00 Uhr bringt er mich mit seinen Kindern zum Flugplatz. Ismets Sohn Sascha bleibt in Zagreb, denn er hat Arbeit bei den IFOR-Truppen. Außerdem trauen sie dem Frieden nicht recht. Vielleicht geht es wieder los. Allerdings wird der Krieg dann anders aussehen, denn inzwischen sind alle Seiten bis an die Zähne bewaffnet.

Um 14.00 Uhr bin ich in Berlin.

Mittwoch, 19. Juni 1996

Berlin war wie ein Strudel. Wir haben am Montag den Verein »Bürgerbüro« gegründet. Viel Presse war da, ich habe Interviews gegeben und mit verschiedenen Leuten wegen Stiftungsniederlassungen in Sarajevo gesprochen. Außerdem mußte ich Claudia in New York anrufen, weil das Goethe-Institut unbedingt eine Zweigstelle in Sarajevo eröffnen soll. Dann bin ich zu meinen Eltern gefahren. Die Beantwortung meines Postberges überlasse ich Petra. Und dann waren noch einige Sachen für Sarajevo zu besorgen. Mit Anselm, Claudia, Felix, Rolf und Franz, die zum Glück auch noch vorbeikamen, eine Abschiedsmargarita im *Café Mitte* zu trinken. Wenn ich alt bin, möchte ich jeden Abend an der Bar eine Margarita trinken, den jungen Leuten beim Leben zusehen und ein bißchen über mein eigenes nachdenken. Danach habe ich noch einmal richtig gut in meinem Bett geschlafen!

Am nächsten Tag brachten mich Katjuscha und Rolf zum Flughafen. Katja hat mir noch Vitamine über Vitamine eingepackt. Ich weiß wirklich nicht, womit ich es verdiene, so liebe Freunde zu haben! Ach, wie gern wäre ich mit Katja zusammen hierher gefahren.

Heute früh um fünf war ich wieder in Sarajevo. Die Fahrt dauerte diesmal nur zehn Stunden. Irgendwann bin ich eingeschlafen, und plötzlich waren wir mitten in der Stadt. Am Busbahnhof verliefen sich die Reisenden schnell im Morgengrauen. Zum Glück stand ein Taxi da, das den Rest einsammelte und quer durch Sarajevo fuhr, um alle nach Hause zu bringen. Ich war die letzte, die ausstieg. Der Taxifahrer bekam fünfzehn Mark, und ich fiel todmüde ins Bett.

Donnerstag, 20. Juni 1996

Sebastian, unser Mediziner, bereitet sich auf die Heimkehr vor und ich mich auf die Übernahme der Projekte. Hoffentlich lassen sich die Weichen in den nächsten Wochen, bevor die neuen Leute aus Deutschland kommen, anders stellen, denn der Zusammenhalt in dieser Gruppe ist nicht besonders gut, vielleicht deshalb, weil unterschwellig der Ostwestkonflikt von Sebastian gefördert wird. Dabei könnten alle stolz auf das Ergebnis ihrer Arbeit sein.

Am Abend habe ich mich mit Marianne Kinzer getroffen. Ihr Mann, Stephen Kinzer, ist in Berlin Korrespondent für die *New York Times*. Sie ist auch Malerin und verbringt eine Woche in Sarajevo. Für sie, die in einer westdeutschen Kleinstadt aufgewachsen ist, ist alles hier sehr erschreckend, während ich das Gefühl habe, alles zu kennen, Nachkriegszeit und Nachwendezeit in einem. Ich beginne langsam, die Stadt zu begreifen und unser Versagen der letzten Jahre viel deutlicher zu sehen. Mir ist tatsächlich vieles vertraut, vor allem die Mentalität der jüngeren Menschen, ihre Anspruchshaltung, ihr mangelndes politisches Interesse, ihre Lust, jetzt endlich viel und schnell Geld zu verdienen und vier Jahre ungelebtes Leben nachzuholen. Auf den Straßen laufen sie unentwegt auf und ab. Sie haben viel Zeit, weil sie arbeitslos sind. In den Taschen haben sie kein Geld, aber viele Wünsche im Herzen.

In Sarajevo wird viel über Geld gesprochen. Jetzt streiten sich gerade alle über die neunhundert Millionen, die die Weltbank Bosnien zur Verfügung gestellt hat. Jeder will eine Scheibe davon abbekommen. Das meiste wird in die Industrieländer zurückfließen, hier wird das wenigste bleiben. Alle haben jetzt Minenräumprogramme, weil daran demnächst viel zu verdienen sein wird. Die Genehmigungen zum Minenräumen müssen die Bosnier erteilen. Aber sie weigern sich, weil sie selbst das Geld verdienen wollen. Allerdings haben sie nicht die notwendige technische und personelle Ausstattung. Inzwischen werden immer wieder Menschen durch Minen verstümmelt.

Morgen werde ich Marianne unser Bauprojekt in Otes zeigen. Sicher ist es nur ein kleines Pflaster auf die Wunde, die der Krieg geschlagen hat, aber trotzdem ein Hoffnungszeichen. Die Menschen hier werden noch sehr viel selbst leisten müssen.

<u>Freitag, 21. Juni 1996</u>

Die Naumann-Stiftung aus Deutschland hat angerufen, um meine Meinung zu einem ihrer geplanten Projekte zu erfahren. Eine schnelle Reaktion! Offensichtlich Susanne Thaler in der FDP für den Gedanken, daß sich die politischen Stiftungen hier niederlassen müssen, sofort die Trommel gerührt. Es ist notwendig, die liberale Opposition vor den Wahlen zu unterstützen, denn die großen Parteien sind alle mehr oder weniger nationalistisch. Das ist eine Aufgabe für die politischen Stiftungen. Es müßte auch eine unabhängige Zeitung vor den Wahlen herausgegeben werden, die auch in Deutschland für die bosnischen Flüchtlinge verlegt werden sollte, denn sie müßten ganz direkt über die politische Situation in Bosnien und über Möglichkeiten ihrer Rückkehr informiert werden.

Am Nachmittag bin ich mit Sebastian auf die serbische Seite gefahren. Der Grenzverlauf ist so, daß die Straße von allen benutzt werden kann. Sie muß aber von den IFOR-Truppen bewacht werden, weil keine Seite will, daß die andere diese Straße benutzt. Deshalb ist die Straße vor Anschlägen nicht sicher. Wir besuchen Dragana, eine 22jährige Serbin, die während des Krieges in Deutschland war, weil ihr ein Bein amputiert werden mußte und sie zudem noch Dialysepatientin ist. Demnächst soll eine Dialysemaschine aus Deutschland kommen, die in den serbischen Teil transportiert werden muß. Den Transport soll ich organisieren. Das wird schwierig, denn kein Moslem fährt dorthin. Alle haben Angst. Dragana wohnt mit ihren Großeltern, Eltern und einer Schwester in einem kleinen Häuschen. Die Großeltern schlafen in der Küche, alle anderen in dem winzigen Zimmer. Wasser und Kanalisation gibt es nicht. Sie sind keine Flüchtlinge, sondern haben immer hier gewohnt. Durch eine Granate aus Sarajevo verlor Dragana ihr Bein. Sebastian erzählt mir, daß, bis auf die Kinder, alle Alkoholiker sind. Dragana ist nicht da, denn sie mußte ins Krankenhaus, weil sie Probleme mit ihrer Prothese hat. Wir geben der Großmutter dreihundert Mark, die erhält sie jeden Monat von Draganas deutschen Pflegeeltern. Künftig werde ich jeden Monat hierher fahren.

Montag, 24. Juni 1996

Heute früh sind Sebastian und Hermann über Augsburg nach Berlin gefahren. Hermann wohnt in Augsburg. Er war einer der freundlichsten Leute, etwa um die Fünfzig. Seit einigen Jahren ist er arbeitslos. Er stammt eigentlich aus Rumänien. 1968 ist er über die Slowakei in den Westen geflüchtet. Immer wieder betonte er, wieviel er in Otes gelernt hätte, sogar Schornsteine könne er jetzt mauern.

Am Abend hatten wir eine kleine Sitzung und beschlossen, wenigstens einmal in der Woche gemeinsam zu essen. Am Mittwoch wollen Rafaela, das einzige Mädchen, und Ben zusammen kochen. Wir haben besprochen, wie wir in den nächsten vierzehn Tagen arbeiten wollen. Denn dann fahren einige weg, und neue Leute kommen. Die sollen möglichst geregelte Verhältnisse vorfinden.

Dienstag, 25. Juni 1996

Heute habe ich Benedikt Stumpf kennengelernt. Er ist Mitbegründer der deutsch-bosnischen Gesellschaft und seit 1993 sehr oft hier gewesen. Über die hiesigen Verhältnisse weiß er bestens Bescheid. Er engagiert sich selbst vor allem im kulturellen Bereich. Am Mittwoch will er mir seine Schneiderei zeigen, die er mit anderen in Sarajevo aufgebaut hat.

<u>Mittwoch, 26. Juni 1996</u>

In Sarajevo ist die Ausgangssperre für einige Tage aufgehoben worden, weil hier gegenwärtig eine Bauausstellung läuft. Am Vormittag waren wir gemeinsam dort, denn die Jungen hofften, von den Ausstellern billig Baumaterialien zu erhalten. Wenige Firmen sind vertreten, deutsche fast gar nicht. Wahrscheinlich sind deshalb viele artfremde Firmen zugelassen worden. Computertechnik, Möbel, Textilien. Die Besucher schauen sich die Augen aus dem Kopf.

Anschließend hat mir Benedikt Stumpf seine kleine Werkstatt gezeigt. Eine Bosnierin, die in Paris gelebt hat, entwirft die Modelle, die dann von zwölf Frauen genäht werden.

Das Konzept ist, hochwertige, modische Kleidung zu nähen, die im Ausland verkauft werden kann. Für die verrückten Sachen gibt es sicher genug verrückte Interessenten. Wichtig ist, daß die Frauen Arbeit haben. Förderung aus irgendeinem Geldtopf bekam er nicht. Wie immer werden auch hier nur die großen Projekte gefördert, die kleinen müssen sich selbst durchwursteln.

Anschließend sind wir zu dem Tunnel gefahren, der während des Krieges die einzige Möglichkeit für die Bosnier war, die Stadt zu versorgen und sie zu verlassen. Er führt von einem Bauernhaus unter dem Rollfeld des Flugplatzes zu einem Haus in Novigrad. Man konnte ihn für sechsundzwanzigtausend Mark für eine Nacht mieten. Das Geld bekam die bosnische Armee. Die bosnische Mafia soll dies mehrmals gemacht haben. Neben dem alten Tunnel ist jetzt ein neuer gebaut worden, durch den bequem ein Lastwagen fahren könnte. So sieht die Vorbereitung auf kommende Zeiten aus. Der kleine Ort ist ansonsten fast total zerstört worden. Tarkowskij könnte hier seinen Film *Stalker* gedreht haben. Nur ein paar alte Leute saßen im Schatten der Ruinen und bewachten traurig ihre mageren Hühner. An diesem lehmigen, verschlammten Ort wird wohl keine humanitäre Organisation vorbeikommen. Er ist wie viele andere vergessen worden.

Freitag, 28. Juni 1996

In den letzten beiden Tagen habe ich fast die gesamte parteipolitisch organisierte Opposition Bosniens kennengelernt. Sie ist ein genauso trauriger Haufen wie in den anderen ehemaligen sozialistischen Ländern. Mit dem Mitarbeiter der Konrad-Adenauer-Stiftung, Gregor Ryssel, bin ich von Partei zu Partei gezogen. Außerdem haben wir mit den wenigen unabhängigen Medien, wie *Oslobodjenje*,

Dani, *Onasa* und *Sloboda Bosna*, gesprochen. Die Journalisten scheinen weitaus realistischer zu sein als die Parteipolitiker. Während die Politiker uns übereinstimmend sagten, daß sie wahrscheinlich dreißig Prozent der Wählerstimmen erhalten würden, gaben die Journalisten der Opposition keine große Chance. Fünf der nicht ethnisch orientierten Parteien haben sich zu einem Block zusammengeschlossen. Wahrscheinlich wird Haris Silajdžić sich ihm ebenfalls anschließen. Entsprechende Verhandlungen soll es bereits geben. Dies wäre allerdings tatsächlich eine Chance für diese Parteien, denn vor allem in den Städten sagen die Leute, daß sie Silajdžićs Partei wählen würden.

Die Opposition sitzt fast geschlossen im selben Parteigebäude wie vorher der Bund der Kommunisten Jugoslawiens. Wahrscheinlich sind es oft die gleichen Leute, auch wenn sie immer wieder betonen, daß ihre Partei neu gegründet worden sei. Fast niemand hat ein gutes Gesicht, fast alle sind, wie bei den osteuropäischen Dissidenten auch, vom Lebenskampf in einem menschenfeindlichen System geprägt. Seijfudin Tokic, der Vizepräsident der Union der bosnischen Sozialdemokraten, hat noch das beste. Obgleich er müde und überarbeitet war, blickte er interessiert und lachte ab und zu. Der Schwerpunkt seiner Partei liegt in Tuzla. Dort erhoffen sie sich auch die meisten Wählerstimmen. Er war nicht unsympathisch, aber er blieb undurchschaubar. Solche Leute sitzen bei uns auch in der PDS, sie haben keine schlechten Gesichter, aber man traut ihnen nicht so recht über den Weg.

Die kleine MOB (Muslimische Organisation Bosniens), deren Vorsitzender Adil Zulfikarpasic Millionär sein soll und der in der Schweiz lebt, wurde von Mujo Kofedžić vertreten. Vielleicht hypnotisierte ihn der riesengroße Pickel an seiner Nase, von dem er keinen Blick wendete. Uns schaute er keinen Moment an. Ihre Büros waren mehr als ärmlich eingerichtet und verbreiteten die Atmosphäre ehemaliger SED-Parteileitungen. Kljuić dagegen, der Vorsitzende der Republikaner, residiert wie ein kleiner König in einem Gebäude, das die Österreicher gebaut haben. Als erstes legte er uns seinen Lebenslauf auf den Tisch. Er macht den professionellsten Eindruck, obwohl er der kleinsten Partei vorsteht. Aber diesen eitlen Typ kenne ich auch sehr gut aus Deutschland. Letzten Endes wird er als einer der ersten den Block verlassen, wenn er sich nicht genügend spreizen kann. Petar charakterisiert ihn später als einen guten Journalisten, aber als einen unfähigen Politiker, weil er nicht kompromißfähig sei. Alle brauchen Geld und Technik, aber inhaltlich haben sie nicht viel anzubieten. Das Wichtigste ist trotzdem, daß sie nicht ethnisch orientiert sind und daß sie die Rückkehr der Flüchtlinge wollen.

In den Redaktionsstuben der Zeitungen wird noch mehr als überall geraucht. Obwohl die Fenster offenstehen, ist die Luft zum Schneiden. Alle haben graue Gesichter und sehen überarbeitet aus. Die freie Medienarbeit wird stark behindert. Die guten Mitarbeiter werden außerdem noch von den ausländischen Hilfsorganisationen abgeworben, weil sie höhere Gehälter zahlen. Tatsächlich beherrschen die staatlichen Medien den Markt. Der Mitarbeiter der Konrad-Adenauer-Stiftung hat jede Stunde einen anderen Termin. Für seinen Bericht ist das sicher gut, aber für das Kennenlernen der Situation ist es verheerend. Mit jeder Stunde sieht er mehr Schwierigkeiten für die Stiftungsarbeit in Sarajevo.

Je mehr Leute wir besuchen, um so weniger Möglichkeiten sieht er, hier ein Büro aufzumachen. Abschließend haben wir ein Gespräch mit dem deutschen Bosnienbeauftragten Thomas Schieb. Er teilt meine Auffassung, daß die Deutschen hier trotz aller Schwierigkeiten sofort mit ihrer Arbeit anfangen müßten. Benedikt Stumpfs Idee, hier ein deutsch-bosnisches Kulturzentrum zu eröffnen, findet er ebenfalls gut. Nächste Woche wollen wir uns gemeinsam das dafür in Frage kommende Haus ansehen.

Samstag, 29. Juni 1996

Die Franziskaner hatten in der Nähe von Sarajevo eine bedeutende Ausbildungseinrichtung, die im Krieg völlig zerstört wurde. Jetzt wird sie wieder aufgebaut. Pater Petar hatte den Vertreter der Konrad-Adenauer-Stiftung und mich zum heutigen Richtfest nach Nedžarići eingeladen. Gregor Ryssel hatte jedoch noch etliche Termine abzureißen, und so bin ich allein nach Nedžarići gefahren. Endlich schien wieder die Sonne, und im Garten hatte sich die gesamte bosnische Opposition versammelt. Auch Komšić, der Mitglied der Kroatischen Bauernpartei und Mitglied des Präsidiums ist, war da. Wir begrüßen uns kurz, denn ein Gespräch ist bei diesem Lärm schwer möglich. Wir wollen uns bei Pater Petar am Montag treffen. Er macht einen schüchternen und bescheidenen Eindruck. Und wie ich immer wieder hörte, genießt er großes Vertrauen. Ob das allerdings das Wahlergebnis beeinflußt, glaube ich nicht. Komšić ist Philosoph und kein Bauer. Auch die Bauernpartei hat kaum Mitglieder, die tatsächlich Bauern sind. Die Wahlen allerdings werden auf dem Land entschieden, betonten immer wieder die Journalisten.

Endlich gab es mal Schweinefleisch, das auch von allen reichlich vertilgt wurde. Warum in Bosnien sowenig Gemüse und Obst gegessen wird, ist mir unverständlich. Ich werde das Gefühl nicht los, daß es zwischen dem übermäßigen Fleischverzehr und dem Krieg einen Zusammenhang gibt. Es ist jedenfalls schon deshalb ziemlich unappetitlich, die Leute riesige Fleischberge verzehren zu sehen, weil andere sich kaum Brot leisten können.

<u>Sonntag, 30. Juni 1996</u>

An diesem Wochenende war Jörgs Freundin mit ihrer Tochter in Sarajevo. Sie wohnen in Oschatz. Das ganze kleinkarierte, nörgelnde DDR-Leben war plötzlich da, vor dem Jörg sicher auch geflohen ist. Seine Freundin brachte die Zeitungen *Guter Rat* und *Capital* mit. Was die Leute bewegt, für die humanitären Organisationen zu arbeiten, interessiert mich sehr. Es gibt sicher die unterschiedlichsten Motive. Damit diese nicht zu sehr die Arbeit beeinflussen, ist es sicher richtig, daß *Cap Anamur* die Leute für eine relativ kurze Zeit und für sehr wenig Geld ins Ausland schickt, so können einige Motive gar nicht erst ausgelebt werden.

Gegen Abend habe ich meine erste Fahrstunde unter Ismets Aufsicht gehabt. In einem großen Ruinengelände konnte ich ungestört herumkurven. Es ist tatsächlich ein aufregendes Gefühl, wenn man so einen Landrover nach seinem Willen bewegen kann. Aber ich glaube, daß ich trotzdem nicht zur Autofahrerin tauge. Ismet war traurig, weil seine Tochter in die USA auswandern will. Sie ist noch nicht achtzehn Jahre alt, will aber unter allen Umständen noch in diesem Jahr aus Sarajevo weg. Ich verstehe sie sehr gut, denn wie die Zukunft hier aussehen wird, weiß niemand zu sagen. Alle rüsten auf, die Nationalisten sind auf dem Vormarsch, der Wiederaufbau wird sich hinschleppen, denn es fehlt an Geld und Motivation. Im Koševo-Krankenhaus, das den ganzen Krieg hindurch in Betrieb war, haben fünfundzwanzig Ärzte dem Druck seitens der Serbischen Republik widerstanden und sind nicht geflüchtet. Jetzt haben unter dem Druck der Moslems bereits dreizehn Ärzte das Krankenhaus verlassen. Alle neuen Stellen werden von Moslems besetzt. Sicher sind die Vorbehalte der

Moslems gegen die Serben verständlich, aber es gibt auch unter ihnen viele unschuldige Menschen. Vor allem diejenigen, die hier geblieben sind, sind jetzt enttäuscht und werden stellvertretend für die Serben der Serbischen Republik ausgegrenzt. Alle behaupten zwar, daß das multikulturelle Leben hier eine lange Tradition hat, aber es scheint durch diesen Krieg tatsächlich zerstört worden zu sein. Die Zivilisation scheint nur eine dünne Haut zu sein, die jederzeit zerreißen kann. Völkermord ist überall möglich. Dieser Satz hat in Sarajevo eine neue, schneidende Klarheit.

<u>Montag, 1. Juli 1996</u>

Am Nachmittag habe ich mich mit Pater Petar und Komšić, dem Vorsitzenden der Kroatischen Bauernpartei, getroffen. Beide wollen eine Zeitung herausgeben, die vor allem in Deutschland erscheinen soll, um die bosnischen Flüchtlinge über die Rückkehrmöglichkeiten und die Lage im Land zu informieren. Dafür brauchen sie natürlich Geld und erhoffen sich Unterstützung von mir. Ich werde also dasselbe tun wie in Deutschland: Briefe schreiben.

Anschließend bin ich zum Oskar-Schindler-Haus zurückgelaufen. Fast zwei Stunden immer an der ehemaligen Frontlinie entlang. Die Sonne brannte unerbittlich. Zwischen den ausgebrannten Hochhäusern ist jedes Stückchen Erde bepflanzt. Tomaten, Kartoffeln, Zwiebeln wachsen in den winzigen

Gärtchen. Die Leute schleppen von den Wasserstellen das Wasser zum Gießen in Brauseflaschen oder kleinen Kanistern heran. In den Trümmern überfiel mich die Erinnerung an mein gestriges Gefühl während meiner Autofahrt in Otes. Zwischen den Ruinen gingen wenige Leute, gelassen und sonntäglich gekleidet, spazieren. Ich fühlte mich in meine Kindheit versetzt, aber erst heute wurde mir bewußt, warum. Auch meine Mutter zog meinem Bruder und mir am Sonntag die *guten* Sachen an, weiße Söckchen und die selbstgenähten Sonntagskleider, um mit uns in der Ruinenlandschaft zwischen dem Bahnhof Friedrichstraße und der Siegessäule in Berlin spazierenzugehen. Erst hier begreife ich, welchen Kampf um Normalität sie damals geführt hat. Als ich am Abend mit Ismet darüber sprach, erzählte er mir, daß trotz des ständigen Beschusses während des ganzen Krieges sorgfältig gekleidete Leute in die leeren Kaufhallen zum Einkaufen gegangen wären, um dem Wahnsinn ein bißchen Normalität entgegenzusetzen.

Dienstag, 2. Juli 1996

SAT1 hat heute auf unserer Baustelle gefilmt. Es sollen mit dem Beitrag noch einmal Leute für das Bauprojekt gewonnen werden. Es ist schon erstaunlich, wie wenige bereit sind, hier zu arbeiten. Dabei könnten gerade junge Leute hier eine sinnvolle Aufgabe finden, vor allem, wenn sie arbeitslos sind.

Gegen Mittag bin ich noch einmal mit dem stellvertretenden Botschafter Thomas Schieb auf die Baustelle gefahren, um ihm unsere Häuser zu zeigen, auf die ich so stolz bin, als hätte ich sie allein gebaut. Vorher habe ich ihm das ehemalige Haus der Pfadfinder gezeigt, das ein ideales Objekt für ein deutsch-bosnisches Kulturzentrum wäre. Es ist etwa fünf Minuten vom Stadtzentrum entfernt, und man hat einen wunderbaren Blick über die ganze Stadt. Mit etwas Engagement und gutem Willen ließe sich hier ein Ort einrichten, der zum Anziehungspunkt für viele Jugendliche in Sarajevo werden könnte.

<u>Mittwoch, 3. Juli 1996</u>

Heute haben sich in der deutschen Botschaft etwa zwanzig humanitäre Hilfsorganisationen getroffen, die in Bosnien und Herzegowina arbeiten. Das Treffen der NGO (Nichtregierungsorganisationen) findet alle sechs Wochen statt. Das Thema war vor allem: Geld. Da fast alle Organisationen auf offizielle Gelder angewiesen sind, gibt es auch Konkurrenz unter ihnen. Die Berichte einzelner Vertreter machen einen recht aufgeblasenen Eindruck. Mehrere Organisationen haben über ihre Bauprojekte gesprochen, aber auf meine Frage, nach welchen Kriterien die Häuser ausgesucht werden, stellte sich heraus, daß sie die Projektanträge gerade erst bei den entsprechenden Stellen eingereicht haben. Man wartet auf Geld und ärgert sich, wenn die Regierungsorganisationen an die Arbeit gehen. Es ist aber bereits Sommer, und die Heizperiode soll in Sarajevo am 15. Oktober beginnen. Viel Zeit bleibt nicht. Tatsächlich arbeitet nur *Cap Anamur* auf diesem Gebiet. Ich habe das deutsch-bosnische Kulturprojekt vorgestellt, aber fast niemand interessierte sich tatsächlich dafür. In den letzten Tagen haben sich bei uns etliche Leute gemeldet, die Glasscheiben für ihre Fenster brauchen. Obwohl die UNO viel Geld für Fensterglas bereitgestellt hat, bekommen einige nichts, denn zuerst sollen die Menschen ab fünfundsechzig und Familien mit Kindern bis zu drei Jahren versorgt werden. Es gibt sehr viele Hilfsorganisationen, die für die Glasverteilung zuständig sind. Jede hat ihre eigenen Kriterien, aber was sie verbindet ist, daß sie jeweils einzelne Ethnien bevorzugen. So sind also auch die Hilfsorganisationen an der ethnischen Teilung des Landes beteiligt.

Am Abend hat sich unser Trüppchen zum gemeinsamen Essen versammelt. Wir haben die Aufgaben der nächsten Zeit besprochen. In der kommenden Woche fahren einige nach Hause, und neue Leute kommen. Plötzlich griff mich Ralf sehr feindlich an. Seine Motivation kann ich mir nur erklären, wenn ich bedenke, daß er aus der ehemaligen DDR kommt und heute dort angeblich Bauunternehmer ist. Vor meiner Abreise am 16. Juni nach Deutschland hatte er mich gebeten, einen *Eulenspiegel* mitzubringen. Ich habe das schon damals als Provokation aufgefaßt und scheine mich nicht getäuscht zu haben, denn immer wieder kommt er auf die guten Seiten Gregor Gysis und der PDS zurück. Seinen DDR-Lebenslauf ahne ich, aber dem kann man nicht entfliehen.

<u>Donnerstag, 4. Juli 1996</u>

Fotografien, die während des Krieges in Sarajevo aufgenommen worden sind, werden in zwei Ausstellungen gezeigt. In beiden Galerien gab es kaum Besucher. Jörg fiel auf, daß ein Bild mit einer rennenden Frau, die ein Kind auf dem Arm hält, erst nach dem Krieg fotografiert worden sein kann, denn auf dem Foto ist eine Ampel zu sehen, die grün leuchtet. Aber während des Krieges soll keine Ampel funktioniert haben.

In der Stadt wird auch ein Film über den Krieg gedreht. Es werden verrostete Autoteile zu Barrikaden aufgeschichtet, während in einigen Stadtteilen die alten noch nicht einmal abgebaut sind. Obwohl immer wieder real geschossen wird, knallen hier bereits Platzpatronen. Die übereilte künstlerische Bearbeitung des Geschehens birgt die Gefahr, einen künstlichen Abstand zu dem Unfaßbaren herzustellen. Indem man das Schreckliche eines Krieges oder das Unfaßbare eines Ereignisses überstürzt ins Reich der Geschichte oder der Kunst verbannt, wird die Möglichkeit der direkten Auseinandersetzung mit einem solchen Ereignis beschnitten. Zum Glück wehrt sich die Kunst dagegen. Aus Kunst wird Kunsthonig.

Etwas Ähnliches kann man beobachten, wenn es um die Auseinandersetzung mit den verschiedenen ethnischen Gruppen geht. Auch hier wird Verdrängung gefordert. Viele Hilfsorganisationen verlegen jetzt ihre Arbeit in die Serbische Republik. Dort soll es einigen Serben schlechter als den Bosniern hier gehen, obwohl dort kaum Häuser zerstört worden sind. Jetzt auch den Serben zu helfen, ist sicher eine wichtige Aufgabe für die humanitären Organisationen. Dafür von den Bosniern Zustimmung zu erwarten, erscheint mir allerdings zu simpel. Fast jeder Bosnier hat während des Krieges furchtbare Dinge erlebt. Von serbischer Seite gibt es bisher nicht das geringste Schuldeingeständnis. Im Gegenteil: Sie verkünden immer wieder, daß sie zurückkommen werden und daß sie die gegenwärtigen Grenzen nicht anerkennen. Die Kriegsverbrecher laufen in Pale frei herum und werden von der Bevölkerung geschützt.

Cap Anamur hat im Haus einer stadtbekannten Tschetnikfamilie eine Wohnung gemietet. Aber inwieweit das Propaganda ist oder den Tatsachen entspricht, ist schwer zu beurteilen. In dem Haus lebt jetzt nur noch die alte Mutter. Die Söhne sind alle nach Serbien oder in die Serbische Republik geflüchtet. Auch der Mann lebt auf der serbischen Seite. Welche Gefühle es bei den bosnischen Nachbarn weckt, daß sie noch im eigenen Haus wohnt, kann ich mir gut vorstellen. Diese hat es als Flüchtlinge aus allen Teilen des Landes hierher verschlagen. Es ist also kein Wunder, daß in unser Haus bereits eingebrochen wurde. Gestohlen wurde nichts weiter, nur der Kühlschrank geleert!

<u>Samstag, 6. Juli 1996</u>

Die Jugendlichen nach vier Kriegsjahren – das interessiert mich sehr. Schade, daß ich die Sprache nicht beherrsche. Also bleiben nur die Beobachtungen.

Auf dem etwa ein Kilometer langen »Korso« von Sarajevo drängeln sich von morgens bis abends viele Leute. Eilig und zielbewußten Schrittes zieht der Menschenstrom hin und her. Bleibt man eine Weile abseits stehen und beobachtet ihn, fällt auf, daß es vor allem Jugendliche sind, die an einem vorbeiziehen. Bleibt man etwas länger stehen, sieht man die gleichen Jugendlichen, die ihn hinuntergelaufen sind, wieder zurückkommen. Fast alle sind modisch gekleidet, schauen kurz in die Schaufenster der neu eröffneten Läden, die kaum jemand betritt. Rechts und links gibt es viele neue Straßencafés. Stundenlang sitzen die Leute hier, auch hier vor allem Jugendliche, vor einem Glas Wasser oder einem winzigen Kaffee. Kaum einer ißt etwas. Das schnelle, ziellose Laufen, die schmale Straße, die flott gekleideten Leute, die heiße Sonne, der Lärm, der Geruch nach verbranntem Müll und Ćevapčići erzeugen eine schrille, hektische Stimmung. Abends, gegen 22.00 Uhr, leert sich der »Korso« im

Nu. Alles drängelt sich, um noch rechtzeitig, bis zum Beginn der Ausgangssperre, eine der überfüllten Straßenbahnen nach Novigrad zu erwischen. An den Wagen hängen Trauben von jungen Leuten und »surfen« der tristen Neubaustadt entgegen. Wer nicht mitkommt, versucht zu trampen oder drängelt sich in ein Taxi, in dem schon andere sitzen. Je mehr hineinpassen, desto billiger wird die Fahrt. Am Abend war ich mit unseren Jugendlichen in einer Disco. Seit vier Jahren organisiert ein Ire hier in unregelmäßigen Abständen Konzerte. Heute spielt eine bosnische Band Technomusik. Der Raum war klein, niedrig und verqualmt. Der Eintritt kostet eine Mark, das Bier ebenfalls. Es war auffallend, daß kaum ein Jugendlicher tanzte oder Bier trank. Die meisten haben gerade die Mark, um ihren Eintritt zu bezahlen. Die Mädchen, fast alle erst fünfzehn oder sechzehn Jahre alt, standen abseits und sehnten sich wohl nach anderer Musik. Nur einige Jungen tanzten miteinander. Als ich gegen zehn nach Hause ging, saßen draußen viele Jugendliche, die auf diese Weise etwas von der Musik mitbekommen wollten. Unter ihnen drei junge Leute im Rollstuhl. Fast alle waren zu Beginn des Krieges noch Kinder. Jetzt wollen sie leben, aber ihre Zukunft ist ziemlich hoffnungslos. Daß sie das ahnen, zeigen ihre traurigen Gesichter.

Sonntag, 7. Juli 1996

Die Straße über den Berg Igman – wie oft habe ich sie in den deutschen Fernsehnachrichten gesehen! Aber eine Vorstellung von den Schwierigkeiten, die Stadt über diese Straße zu versorgen, bekommt man nur, wenn man sie wirklich gesehen hat. Heute sind wir über den Igman gefahren. Die Straße über das Bergmassiv, rechts und links sommerlicher Mischwald, windet sich wie ein Wurm empor. Der von Bäumen ungeschützte Teil ist immer noch von einer Sandsackwand gesäumt, hinter der die Autofahrer vor den serbischen Kugeln Schutz suchten. Stunde um Stunde fahren wir über den Berg. Manchmal sehen wir noch alte Unterstände, verbrannte oder abgestürzte Wagen. Hier haben sich Dramen abgespielt. Die Menschen waren meist bepackt mit ihren Habseligkeiten, wenn sie aus der Stadt kamen, oder mit Lebensmitteln, wenn sie in die Stadt wollten. Sie mußten die ersten Kilometer den glitschigen Berg empor oder herunterkriechen, weil die Busse nur bis zum halbwegs sicheren Teil gefahren sind. Heute ist die Straße still und verlassen. Aber wie mag dieser Weg im Winter, bei Schnee und Eis, gewesen sein!

Montag, 8. Juli 1996

Regen, Regen, Regen. Sarajevo sieht noch trauriger aus.

Dienstag, 9. Juli 1996

Heute sind vier Leute nach Hause gefahren, denn ihre Zeit bei *Cap Anamur* ist zu Ende. Die anderen fallen in ein Loch. Einige bedauern, daß sie ihren Vertrag verlängert haben. Am Nachmittag treffe ich mich mit Željko Ivanković, einem Freund Ruperts. Er soll mir helfen, einen Konzertsaal für Zenziper zu organisieren. Zenziper, ein russischer Jude, ist Meisterpianist und lebt jetzt in Dresden. Anfang August will er in Sarajevo ein Konzert geben. Željko meint, das wäre schwierig, denn die Theater machen alle Ferien. Auch wäre das Publikum ein völlig anderes als während des Krieges, denn sehr viele Menschen sind vom Land in die Stadt geflüchtet. Siebzig Prozent der Bevölkerung Sarajevos sind nicht mehr dieselben wie vor dem Krieg. Sarajevo wird ländlich, Kühe und Ziegen sind keine Seltenheit auf den Straßen.

Mittwoch, 10. Juli 1996

Heute hatten wir unsere wöchentliche Arbeitsbesprechung. Die Jungen sind frustriert. Auf dem Bau gibt es Schwierigkeiten, weil viele Leute zu hohe Ansprüche haben. Sie arbeiten selbst nicht mit und beschweren sich über die Farbe des Teppichbodens, sind untereinander neidisch. Sie beschweren sich, daß die Deutschen hier bauen, während sie selbst arbeitslos sind. Selbst der alte Ivo ist unzufrieden und will in seinem Häuschen Holzfußboden haben. Vor dem Krieg hatte er in seiner Hütte nicht einmal eine Toilette. Die Deutschen werden als gute Onkel und reiche Tanten gesehen. Sicher spielt bei allem auch eine andere Mentalität mit, aber das Programm müßte verändert werden, denn so bringt es Unzufriedenheit auf allen Seiten. Vielleicht sollten wir nur noch Dächer bauen, damit sich niemand benachteiligt fühlt.

Donnerstag, 11. Juli 1996

Eine Gruppe von Schweizern, Holländern und Deutschen, wahrscheinlich Anthroposophen, reist im Rahmen eines Kulturfestivals von *indriart* durch Bosnien und Slowenien. Sie musizieren auf dem Markt, im Café oder da, wo sie gerade einen Raum bekommen. Abends waren wir in der Musikschule bei einem ihrer Konzerte. Es war kaum jemand da. Der schöne, große Saal war fast leer. Eine Bosnierin las zwei Gedichte vor. Ihre Stimme klang wie aus den Tiefen des Gebirges. Abendstimmung. Die Sonne fiel warm in den Raum. Die Fenster waren geöffnet. Ich sah auf die zerstörten Dächer jenseits des Hofes. Die Kunst steht darüber. Als wäre nichts geschehen und als wäre *alles* geschehen, so klangen die Töne im Raum. Und ich wurde sehr traurig.

Freitag, 12. Juli 1996

Gregor Ryssel von der Konrad-Adenauer-Stiftung war wieder da und brachte die gute Nachricht mit, daß die Stiftung beschlossen habe, in Sarajevo ein Büro zu errichten.

In Otes wurde ein Schaf geschlachtet. Alexis' Dach ist fertig. Heute mittag gemeinsames Essen unter einem Baum. Das Licht fiel zitternd und flirrend auf die Gesichter, den langen Tisch, die Teller voller Lammfleisch, Saft, Bier und selbstgebackenem Brot. Ringsum Königskerzen, Kamille, Wegwarte. Ich hätte so gern einen Blumenstrauß gepflückt, aber die Wiese durfte nicht betreten werden, weil sie wahrscheinlich vermint ist.

Samstag, 13. Juli 1996

Jörg, die bosnischen Mitarbeiter unseres Projektes zur Betreuung Querschnittsgelähmter und ich sind zum Jablanicasee gefahren. Vor dem Krieg waren sie das letzte Mal hier gewesen. Wir hatten eine schöne stille Stelle gefunden, aber alle waren unzufrieden, weil sie ein paar hundert Meter laufen mußten. Am liebsten wären sie bis ans Ufer gefahren, hätten gegrillt, wären wieder ins Auto gestiegen und hätten den Dreck liegengelassen. Jörg betrieb still seine Erziehungsarbeit und sammelte unter ihren spöttischen Blicken den Abfall ein.

Hier ist der Krieg nicht hergekommen, trotzdem

gibt es Ruinen. Die Häuser gehörten Serben. Moslems haben sie aus Rache zerstört. An der Straße haben Kinder Himbeeren und Walderdbeeren verkauft. Auf dem Heimweg sind wir an einer großen Gedenkstätte anläßlich des Zweiten Weltkrieges vorbeigekommen. Die *Schlacht an der Neretva*, diesen Film habe ich im DDR-Fernsehen gesehen. Hier hing die damals von Partisanen gesprengte Brücke immer noch halb im Fluß, die Lokomotive hatte gerade das andere Ufer erreicht. Überall im Land kann man heute solche »Denkmäler« sehen, nur daß sie aus der Gegenwart stammen.

Unterwegs sahen wir eine große Kaserne der bosnischen Armee. Die jungen Soldaten zogen gerade im Gänsemarsch in die neu gebaute Moschee zum Gottesdienst. Überall glitzern die neuen Kupferdächer der Moscheen. Der Iran verteilt seine Geschenke im ganzen Land.

Sonntag, 14. Juli 1996

Mit Jörg nach Dobrinja IV gefahren. Das ist der Teil des Stadtteil Dobrinjas, der jetzt den Serben gehört. Im bosnischen Teil spielen kleine muslimische Jungen Fußball. Jenseits der Straße, die die Grenze bildet, spielen serbische Jungen Fußball. Ansonsten liegt über dem serbischen Teil eine bedrückende Stille. Kein Mensch ist zu sehen, während auf der bosnischen Seite die Leute rauchend und schwatzend vor ihren Hauseingängen sitzen. Auf einer kleinen

Brücke stehen drei junge serbische Männer, die während des Krieges sicher Soldaten gewesen sind. Einer späht vornübergebeugt auf die spielenden Kinder, als würde er sich eines als Schießscheibe aussuchen.

Wir haben das Auto auf der bosnischen Seite stehengelassen und sind zu Fuß auf die serbische Seite gegangen. Nach etwa fünfzig Metern kehren wir um. Im Rücken spüre ich die scharfen Blicke der drei jungen Serben.

Melica, unsere serbische Wirtin, zeigte mir am Nachmittag Fotos ihrer Kinder. Ihr Sohn, gekleidet mit einer Uniform, hat ein schmales, ernstes Gesicht. Er lebt jetzt in der Krajina, eine Tochter in Belgrad, die andere in Australien. Ihre Schwester lebt in Österreich, die andere in Italien. Ihr Mann wohnt hinterm Berg auf der serbischen Seite. Die Familie ist zerstreut in alle Winde. Sie allein ist hiergeblieben.

Montag, 15. Juli 1996

Es gibt Schwierigkeiten, das Konzert von Zenziper zu organisieren. Alles ist im Sommer geschlossen. Es ist der erste, in dem alle Leute wegfahren können. Auch der Leiter der Musikschule sagt, daß Sarajevo von Bauern besetzt wird, die keine Ahnung von Musik haben. Die alte Überheblichkeit der Stadtbevölkerung und der Intellektuellen gegenüber der Landbevölkerung hat sicher auch ihren Teil dazu beigetragen, daß es von seiten der Landbevölkerung zu wenig Solidarität mit Sarajevo gab.

Dienstag, 16. Juli 1996

Im Skenderija gibt es eine große Messe der Iraner. Khomeini-Bilder, Schuhe, Plastikschüsseln, Glitzerzeug werden für sehr wenig Geld verkauft. Die Leute drängeln sich und kaufen.

Am Abend bin ich noch einmal zu unserem bosnischen Bauleiter Ismet gefahren. Fast ist man froh, wenn die Ausgangssperre beginnt, denn dann kann man guten Gewissens ins Bett gehen. Was tun? Am Abend ist nichts los. Wie wird es erst im Winter sein.

Mittwoch, 17. Juli 1996

In Otes bin ich durch den zerstörten Neubau gestöbert, in dessen Garagen sich unser Bauhof befindet. Die Garagen waren 1992 bei der Einnahme Otes durch die Serben noch kein Jahr alt. Die Wände sehen immer noch weiß aus. Aber alles ist zerstört. Lichtschalter, Fenster, Badewannen wurden herausgerissen. Der Haß hat sich nicht nur gegen die Menschen gerichtet, er hat alle Dinge mit einbezogen. Ich stelle mir vor, wieviel Kraft man braucht, um eine eingebaute Badewanne zu zerschlagen. In einer Küche ist die Spüle stehengeblieben, und darüber hängt schief ein kleines Wandschränkchen. Im Hausflur sind Hakenkreuze an die Wand gemalt worden, und immer wieder tauchen in riesigen Lettern die Buchstaben SDA (Stranka Demokratske Akcije) auf, das ist die nationalistische Partei Izetbegovićs.

Donnerstag, 18. Juli 1996

Mit Benedikt Stumpf und zwei seiner Freunde, einem deutschen Musiker und einem Fotografen, habe ich mich in dem Gebäude getroffen, in dem wir unser deutsch-bosnisches Kulturzentrum einrichten wollten. Über Nacht wurde beschlossen, daß dort ein Fernsehstudio des unabhängigen Journalistenverbandes eingerichtet werden soll, um die Wahlen zu beobachten. Das Geld wurde von der UNO innerhalb von Tagen bereitgestellt.

Die drei waren seit Kriegsbeginn oft in Bosnien. Sie haben auch viel Frust über die Leute in Sarajevo, die tatenlos zugesehen hätten, wie äthiopische IFOR-Soldaten den Dreck und Müll in der Stadt weggeräumt haben. Viele Leute seien der Meinung, das hätten sie verdient, weil sich die Welt vier Jahre nicht um sie gekümmert habe. Dabei interessiere sie das Elend der anderen auf der Welt auch recht wenig.

Ich möchte hier gern die Bilder der tschetschenischen Kinder zeigen, die die Akademie der Künste in Berlin ausgestellt hat. Sie halten das für eine Schnapsidee, denn wer solle sich das schon ansehen. Alle wollen vergessen.

Der Musiker wundert sich, wie wenig hier in Sarajevo zerstört wurde. »Ich habe gedacht, hier steht kein Stein mehr auf dem anderen.«

Am Abend bin ich noch einmal mit Sascha und Hermann auf den »Korso« von Sarajevo gegangen. Die Titova ist voll von Menschen. Die Leute ziehen in Massen durch den lauen Abend. Sie sind gut gekleidet und geschminkt. Auf diese Äußerlichkeiten wird viel Wert gelegt. Sie sitzen in den Cafés, rauchen und genießen den Sommerfrieden.

In erinnere mich des Mannes, dessen Wohnung ich heute besichtigt habe. Er wartet auf seine Frau und die zwei Kinder, die in Deutschland leben. Er fragte, ob er von uns Fensterglas haben könne. Auf dem Betonfußboden ersetzten Säcke die unvermeidlichen Teppiche. Im Zimmer stand lediglich ein Bett, sonst nichts, kein Stuhl, kein Tisch.

Auf der Titova ist die Scheinwelt Sarajevos zu besichtigen. Man gibt sich Mühe, damit die Welt etwas anders als die Realität aussieht, weil man sie selbst verdrängen möchte.

Morgen fahre ich nach Srebrenica.

Freitag, 19. Juli 1996

Als wir über die Romanija nach Cerska fahren, liegt wie ein schlechtes Omen der Tierkadaver eines Rindes am Weg. Der graue Morgen hat vielleicht alle Menschen in den Häusern zurückgehalten, denn kaum jemand war zu sehen. *Die Stadt hinter dem Strom* von Hermann Kasack tauchte in meinem Kopf auf. War das nun ein Siegerland? Die berüchtigte Stadt Han Pijesak, in der Mladić und Karadžić Unterschlupf gefunden haben, hängt wie ein zerzaustes Nest in einer schrägen Kurve der steilen Bergstraße. Vor den Neubauten sind riesige Holzberge gestapelt. Entweder kam der Frieden zu schnell, um das Holz noch zu verbrennen, oder man traut ihm nicht und bereitet sich auf den nächsten vor. Die Landschaft ist rauh und schön. Warum können in dieser Weite die Menschen nicht miteinander leben? Ein großer bewegter Wolkenhimmel hängt über den Bergen.

In Milici fragen wir eine Frau nach dem Weg. Als der Name »Cerska« fällt, dreht sie sich schweigend um und geht angewidert in ihrem blau-weiß gepunkteten Kleid weg. Alle, die wir fragen, sind abweisend und haben die Gesichter von Verschwörern.

Die Menschen wollten von Srebrenica nach Tuzla flüchten. Sie zogen durch dieses heute menschenleere Tal, in dem einst fünfzigtausend Menschen lebten. Im Wald sollen noch viele Tote im hohen Unterholz liegen, die man heute schon nicht mehr identifizieren kann. Das hätte spätestens im März geschehen müssen, aber es gibt keine Hilfe von serbischer Seite, sagt der Amerikaner Dr. Highlund, der direkt von den Massengräbern Ruandas hierhergekommen ist. Er ist der Leiter einer amerikanischen Hilfsorganisation, die überall auf der Welt Massengräber öffnet und versucht, die Leichen zu identifizieren. »Den Familien ihre Toten wiedergeben«, sagt er, als ich mit ihm spreche. Der IFOR-Soldat ließ mich an der Weggabelung durch die Absperrung, und ich ging einen Waldweg entlang, der sich nach einiger Zeit zu einer kleinen Lichtung öffnet. Highlund saß allein in seinem Jeep. Ein paar Meter weiter stand der riesige Kühlcontainer, in dem die gefundenen Leichenteile aufbewahrt werden, die später in Tuzla untersucht werden. Über allem hing ein entsetzlicher Leichengeruch. »Dabei haben wir die Erde schon mit Plastik abgedeckt«, sagte er zu mir. Seine Arbeit hier hat er heute beendet.

184 junge und alte Männer sind vor einem Jahr mit Bussen hierher gefahren worden, dann wurden sie umgebracht und verscharrt. Einige hatten die Hände auf dem Rücken gefesselt. Das Massengrab wurde anschließend mit Minen gesichert.

Die Äpfel waren damals sicher genauso rot wie in diesem Jahr.

In der nächsten Woche werden sie ein Massengrab direkt an der Straße öffnen. Highlund ist neugierig, wie die Bevölkerung darauf reagieren wird, denn hier hat sich niemand sehen lassen. Er erzählt mir, daß oberhalb der Weggabelung verweste Leichen auf dem Waldweg gelegen hätten, über die die Bauern mit ihren Heuwagen gefahren sind. Auf dem Sportplatz unterhalb des Dorfes hätten die Kinder Fußball gespielt, obwohl aus der Erde Knochen geragt hätten.

Plötzlich schlendern uns zwei Männer entgegen, die sich als Polizisten vorstellen. Sie fragen, warum die Familien nicht die Leichen identifizierten, warum überhaupt die Gräber geöffnet werden. Sie sagen, daß die Toten bosnische Soldaten gewesen wären und daß eben Krieg gewesen sei.

Highlund spricht lange mit ihnen und fordert sie schließlich auf, sich an der Aufklärung der Verbrechen zu beteiligen. Verlegen lächelnd gehen sie mit uns zur Absperrung zurück.

Ein schwarzer IFOR-Soldat stand an seinen Panzer gelehnt, schaute auf die grün bewaldeten Berge und sagte: »Nice place.«

Sonntag, 21. Juli 1996

Rupert Neudeck ist da. Wir sind mit Jörg und Muamera, die für uns dolmetschen soll, nach Goražde gefahren. Muameras Angst war zu spüren. Von Sarajevo bis dort sind es achtzig Kilometer. Der Weg führt durch die Serbische Republik, weil es noch keine Straße auf bosnischem Territorium gibt. Durch das einsame, wilde Bergland fährt man fast zwei Stunden. Rechts und links erheben sich schroffe Felsen, die sich endlich zu einem weiten Tal öffnen. Auch hier immer wieder ausgebrannte, verlassene Häuser, in denen früher Moslems wohnten. Vor Goražde befindet sich ein IFOR-Stützpunkt. Unsere Autonummer wird notiert, damit kontrolliert werden kann, ob wir sicher durch die Republik Srpska gekommen sind. Die Außenbezirke sind total zerstört. Während der Belagerung haben die Menschen hier Gras gegessen. Noch immer gibt es kein fließendes Wasser, und die Leute ziehen mit Kanistern zu den wenigen Wasserstellen.

Auf dem Marktplatz setzen wir uns in ein Café und kommen sogleich mit einem Mann ins Gespräch. Wie viele hier, hat auch er kaum noch einen Zahn. Früher haben in Goražde zwanzigtausend Menschen gewohnt, heute sind es dreißigtausend. Viele der Flüchtlinge wollen hier natürlich wieder weg. Sie kommen aus den umliegenden Dörfern, aus Foča und sonstwoher. Sie leben in Turnhallen und anderen überfüllten Unterkünften. Die Menschen fühlen sich von der Föderation abgeschnitten, denn wer wagt sich schon durch den serbischen Korridor. Dabei fahren täglich OSCE-Busse nach Sarajevo. Aber die Angst ist zu groß. Trotzdem macht die Stadt einen lebendigeren Eindruck als die serbischen Städtchen, durch die ich bisher gefahren bin. Auch hier einige kleine Lädchen, die Obst und Gemüse verkaufen. Auch hier Cafés, in denen vorwiegend Männer sitzen. Fast niemand hat Arbeit, die humanitären Organisationen sichern das zum Leben Notwendige. Fast nirgendwo wird so gebaut wie in Sarajevo, auch hier nicht. Die Menschen warten noch auf eine Entscheidung über die Zukunft der Stadt, aber es ist schwer vorstellbar, daß die geographische Lage Goražde eine Überlebenschance bietet.

Wir hören, daß es hier zwei Parteibüros gibt. Zuerst besuchen wir ein SDA-Parteibüro, anschließend eines der Partei *Za Stranka*, der Silajdžićs angehört. Im Büro der SDA sitzt einsam ein Moslem, der uns mit einem stechenden Blick aus seinen schwarzen Augen betrachtet und einen harten Händedruck hat. Unsere Fragen beantwortet er unwillig und abwehrend. Angeblich hat er kein Parteiprogramm oder anderes Informationsmaterial da. Bei *Za Stranka* sieht es ganz anders aus. Die Atmosphäre ist offen. Zwei jüngere Männer erzählen bereitwillig über die Probleme der Region. Sie bieten uns Platz an, zwischendurch kommen immer wieder andere Besucher. »Für die Zukunft Goraždes gibt es nur zwei Möglichkeiten«, sagt der eine, »entweder Integration, oder es wird nicht überleben.«

Der Stadt war dasselbe Schicksal bestimmt wie Srebrenica. Die Serben wollten die Stadt einnehmen und ihre Bewohner vertreiben oder töten.

<u>Montag, 22. Juli 1996</u>

Ich war der Meinung, daß Rupert Neudeck unbedingt nach Cerska muß, obwohl er nur so kurze Zeit in Sarajevo ist. Aber er muß über die Massengräber in den deutschen Medien berichten. Am Morgen fahren wir wieder durch den Tunnel, der die Serbische Republik von Sarajevo trennt. Aus der morgendlich kühlen Stadt, die schon im hellen Sonnenschein lag, fuhren wir in den schwarzen Tunnel. Kein Licht ist am Ende des Tunnels zu sehen, nur in der Mitte hängt traurig eine Glühbirne. Dann ist man auf der anderen Seite. Wir fahren wieder über das Gebirge und durch die abweisenden Dörfer.

Heute beginnt Highlund mit seinem Team, das Massengrab an der Straße zu öffnen. Er vermutet, daß über hundertsiebzig Menschen in diesem Grab liegen. Sein Team setzt sich aus Lateinamerikanern, Holländern, Engländern und Amerikanern zusammen. Ihre Erfahrungen haben sie in aller Welt gemacht: Ruanda, Kambodscha, Burundi, Lateinamerika ...

Das Grab liegt diesmal direkt an der Straße, in der Nähe von Nova Kasaba. Die IFOR-Truppen bewachen den Straßenabschnitt oben und unten. Das Grab ist weiträumig mit Stacheldraht abgesperrt. Davor lagern einige Journalisten und Fernsehteams und warten darauf, daß Highlund sie zum Filmen direkt ans Grab läßt.

Ich will Rupert das erste Massengrab zeigen. Der Weg führt etwa fünf Kilometer an einem Bach entlang. Jetzt will ich das Grauen erlaufen, denn während meiner ersten Autofahrt hierher hatte ich zuviel Distanz, keine Gerüche, der Blick durch die Autoscheibe war fast wie ein Blick in den Fernseher, zu touristisch.

Es ist heiß. Trotz des Vogelgezwitschers scheint über dem Tal eine drückende Stille zu liegen. Ab und an bewegt sich die Luft, und der Wind weht einen süßen Verwesungsgeruch herüber. Über die Trümmerhaufen, vermengt mit Stoffetzen und verrotteten Schuhen, huschen grüne Eidechsen. Während der Autofahrt habe ich die Brunnen übersehen, die rechts und links des Weges liegen. Geschmückt sind sie mit Gedenktafeln, die an Moslems erinnern sollen, die hier gelebt haben. Die Tafeln, auf denen Name, Geburts- und Todesdatum stehen, wurden nicht zerstört, obwohl sie ein Beweis dafür sind, daß dieses Land nicht ausschließlich den Serben gehört hat. Für die Serben gehören Blut und Boden zusammen. Der Boden gehört den Nachfolgern derjenigen, die darin be-

Die Dächer sind das wichtigste.

Bis hoch in die Berge zog sich das Dorf Ustikolina. Neunzig Prozent der Häuser wurden zerstört. Hier begann *Cap Anamur* sein zweites Bauprojekt. Das erste Dach wird Nenas Familie bekommen.

Ustikolina: Die jungen Bauarbeiter von *Cap Anamur* kochen selbst. Die harte Arbeit und die frische Luft machen hungrig.

Jolas Mutter lebt lieber im Keller ihres zerstörten Hauses in Ustikolina als im Flüchtlingsheim in Goražde. Hier sind sie allein, dort hauste sie mit ihren Kindern und vier anderen Familien in einem ehemaligen Klassenzimmer.

Sina (links) mit zwei Mitarbeitern von *Cap Anamur* in dem Zimmer, in dem ihr gefallener Sohn gelebt hat.

Die Einwohner kehren in das zerstörte Otes zurück. Wenn sie Glück haben, blieb die Garage stehen und bietet vorerst ein Dach über dem Kopf.

Für einige Stunden belebt sich die Geisterstadt. Im August wird in Otes das erste Fest seit Kriegsende gefeiert.

Alle zurückgekehrten Bewohner kamen. Wir sind überrascht, daß in den Ruinen so viele Menschen leben.

Minenwarnung

Minen

Wie einfach ist es, eine Mine herzustellen, wie schwer ist es, sie zu finden und zu entschärfen.

Wenn die Minenräumer frühstücken, bekommen sie nicht selten Besuch von hungrigen Kindern.

Der moslemische Grabstein bei Cerska ist stehengeblieben. Die Menschen sind getötet oder vertrieben worden.

Auf dem Zentralfriedhof Sarajevos liegen Katholiken, Orthodoxe, Juden, Moslems und Atheisten friedlich beieinander.

Unsere Physiotherapeuten machen ihren ersten Ausflug nach dem Krieg. Die kleine Amela (Mitte) wurde während des Krieges geboren. Diese grüne Wiese darf betreten werden, weil sie nicht vermint ist.

Kindheit im Flüchtlingslager von Zenica.

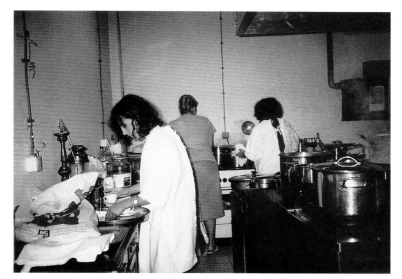

Dobrinja/Sarajevo: Die Suppenküche der Franziskaner befindet sich im Keller. Vier Frauen kochen auf engstem Raum täglich 350 Mahlzeiten.

Zur Eröffnung der Ausstellung tschetschenischer Kinderzeichnungen gibt es ein Buffet, das bei den Kindern mehr Aufmerksamkeit weckt als die Zeichnungen.

Überall in Sarajevo stehen Tomatenstauden in den Fenstern.

Rechts unten: Der Leiter der zerstörten Nationalbibliothek berichtet traurig über die verbrannten Schätze seiner Bibliothek. Auch in seinem Ersatzquartier sind die Fenster mit Folie abgedichtet. Überall in der Stadt sieht man die Werbung des UNHCR.

Titos Bild hängt noch in fast jedem öffentlichen Gebäude.

Der Tunnel, der unter dem Flughafen Sarajevos hindurchführt, war eine der wichtigsten Lebensadern der Stadt. Viele haben auf diesem Wege die Stadt verlassen. Sein Ausgang liegt im Keller eines Hauses zwischen Sarajevo und dem Berg Igman. Die Besitzerin verdient sich manchmal ein paar Mark, indem sie Besuchern ihren Garten über dem einstürzenden Tunnel zeigt.

Viele Brücken sind zerstört. Mühsam treibt ein Schäfer seine Herde über eine provisorische Hängebrücke in Goražde.

Eine unsichtbare Mauer zwischen West- und Ostmostar.

Blinde Zerstörung auf beiden Seiten der Straße, die jetzt Mostar teilt.

Ein Fisch aus dem Meer – das ist mein Abschiedsessen von Bosnien im »Haus der Kriegsinvaliden«.

Das Leben geht weiter.

graben sind. Damit begründen sie ihren Anspruch auf das Land.

Dann stehen wir lange schweigend unter dem Apfelbaum.

Wir laufen zurück. Die Journalisten warten noch immer und verzehren in der Mittagsglut ihren Proviant, den sie von den IFOR-Soldaten bekommen haben.

<u>Mittwoch, 24. Juli 1996</u>

Unseren Tag beginnen wir mit einem Besuch bei zwei alten Serben, die in Ilidča leben. Das Gebiet war von den Serben besetzt gewesen. Nach ihrem Abzug sind nur wenige Serben zurückgeblieben. Inzwischen sind fast alle weggegangen, weil sie den Druck ihrer Nachbarn nicht mehr ausgehalten haben. Jetzt leben hier nur noch sieben serbische Familien. Im ganzen Gebiet sind Flüchtlinge aus Žepa angesiedelt worden. Nicht ohne Absicht, denn sie werden sicher alle die SDA wählen. Die Serben sollen vertrieben werden. Den beiden Alten ist eine Granate in die Küche geworfen worden. Der Mann fragt, warum, der Krieg sei doch vorbei. Seine Frau steht rechtwinkelig gebeugt in der Küche und berichtet scharf und genau über ihre Situation. Sie beschwert sich über Pejanović, den Vorsitzenden der SGV (Srpska Gradanska Vijece), der in Bosnien die Serben vertritt. Peanović sei kein Mann, der sich für die serbischen Leute einsetze, er wolle nur Karriere machen. Der Dolmetscher übersetzt nur, was ihm in den Kram paßt. Ihren Kommentar über das serbische Fernsehen läßt er unter den Tisch fallen, weil er wahrscheinlich meint, ihre Begeisterung darüber könne unserer Zusammenarbeit mit der serbischen Hilfsorganisation Dobrotvor Abbruch tun, denn mit dieser zusammen betreut *Cap Anamur* achtzig serbische Patienten.

Dann machen wir uns auf den Weg nach Ustikolina. In Goražde sind wir auf die zerstörte Ambulanz in dem zwanzig Kilometer entfernten Ort aufmerksam gemacht worden. Rupert und ich fahren hin. Wie eine Fahrt zur Hölle, im Sonnenschein, erscheinen uns die achtzig Kilometer durch das ausgestorbene Land. Diesmal fahren wir über Foča. Die Landschaft ist wieder überwältigend schön. In einem Tunnel stehen plötzlich Kühe. Ustikolina wurde fast völlig zerstört. Das Gebiet zwischen Sarajevo und Goražde ist von den Serben erobert worden, aber es wird von den Serben weder besiedelt noch genutzt. In Ustikolina sprechen wir mit dem Bürgermeister, dessen Büro mit nagelneuen IKEA-Möbeln ausgestattet ist, und besichtigen den Ort. Vor dem Krieg lebten in der Gemeinde sechstausend Menschen, heute sind es noch sechshundert. Zur Schule, die es nicht mehr gibt, wurden achtundsechzig Kinder angemeldet. Der Bürgermeister erzählt uns, daß fünfhundert Familien zurückkehren möchten. Die meisten leben in Essen.

Mit Essen müßte eine direkte Zusammenarbeit organisiert werden, damit die Flüchtlinge heimkehren können.

Donnerstag, 25. Juli 1996

Heute habe ich mich mit Karel Lukac und seiner Frau Hamjeta getroffen. Lukac hat von dem ehemaligen Ausländerbeauftragten Sachsen-Anhalts erfahren, daß ich in Sarajevo bin. Dieser hatte seine Tochter vor der Abschiebung bewahrt, und deshalb ist ihm Lukac ewig dankbar. Und etwas von dieser Dankbarkeit bekam ich zu spüren. Sie wohnen in einem Neubaugebiet. Frau Lukac ist nur zu Besuch, denn ansonsten lebt sie mit ihrer jüngeren Tochter in Halle. Ihr Mann pendelt zwischen Deutschland und Bosnien. Sozialhilfe wollen sie nicht. Er hat mit einem deutschen Partner eine Firma gegründet und versucht von Bosnien aus, seine Familie zu ernähren. Die andere Tochter lebt in London. Sie erzählen und erzählen, vom Krieg, von ihrem Leben in Deutschland und der politischen Situation in Bosnien. Lukac hat in der bosnischen Armee gekämpft. 1993 verließ er die Armee, weil er nicht mehr wußte, für wen er eigentlich kämpft. Mafiastrukturen waren in allen drei Armeen vorhanden. Waffen wurden verschoben und zurückgehalten. Srebrenica hätte nicht fallen müssen, wenn diese Waffen rechtzeitig ausgeliefert worden wären. Beide berichten über den Wahnsinn, den die ethnische Politik täglich freisetzt. In ihrem Haus hat ein serbischer Arzt gewohnt, ein Tschetnik namens Jovo Šehovac. Während des Krieges schoß er von seiner Wohnung aus auf die umliegenden Häuser, verließ dann seine kroatische Frau und die drei Kinder, um vom Berg aus auf sie und die Stadt, in der er sein

Leben verbracht hat, zu schießen. Heute ist er Gesundheitsminister der Republik Srpska.

Lukac ist Kroate mit serbischem Vornamen, seine Frau ist Moslemin. Was sind unsere Kinder, fragen sie mich ratlos. Die haben hier nirgends eine Chance.

<u>Freitag, 26. Juli 1996</u>

Das von unseren Minensuchern gefundene Material wird einmal im Monat in einem verlassenen Steinbruch gesprengt. Bevor die Erlaubnis dazu erteilt wird, muß ein gewaltiger bürokratischer Apparat, von der örtlichen Polizei bis zur IFOR-Zentrale in Mostar, durchlaufen werden. Heute hatten wir unseren Sprengtag. Italienische und französische IFOR-Soldaten und Vertreter der Stadt waren gekommen. Sie fotografierten das gefundene Material. Nicht nur Minen werden gefunden. Aus allem haben sie tödliche Waffen gebastelt. Colabüchsen, Elektroboiler, Spraydosen oder Autoreifen wurden mit Sprengstoff gefüllt. Das alles wurde allein in unserem Wohngebiet gefunden. Heute gab es »vier Sprengungen von etwa 100 kg Material nichtexplodierter Kampfmittel«, wie es im Fachjargon heißt. Wie schnell ist eine Mine hergestellt, wie schwer ist es, sie unschädlich zu machen. Die Explosionen waren von einem Ende der Stadt bis zum anderen zu hören. Während wir sprengten, hat das Bauteam in Otes Zement bekommen.

Am Abend bin ich zum Tifa-Konzert gegangen. Alle schwärmen von Tifa, ich kannte ihn nicht. Im Skenderija hatte sich die gesamte Jugend Sarajevos versammelt. Die Ausgangssperre ist heute aufgehoben worden. Auf der Eintrittskarte prangten die Zeichen »SDA«, auf der Bühne ebenfalls. Das Konzert ist vom SDA gesponsert worden. Der Wahlkampf hat begonnen. Ich stand ziemlich dicht an der Bühne, schaute aber nur auf Polizeimützen. Darüber Qualm und blauer Dunst. Inmitten des Spektakels der serbische Sänger Tifa, der jetzt irgendwo in Westeuropa lebt. Kitsch, der sich in Wahlstimmen auszahlen wird.

Samstag, 27. Juli 1996

Heute bin ich mit Ismet noch einmal nach Ustikolina gefahren, denn wir haben beschlossen, dort ein zweites Bauprojekt zu beginnen. Wir suchen erst einmal fünf Häuser aus, für die wir Dächer bauen werden. Die Leute leben tatsächlich noch in Erdlöchern. Zum Teil sind es Flüchtlinge, die zurückgekommen sind. Auf offenem Feuer wird bosnischer Kaffee gebraut. Ein zahnloser Mann zeigt mir Fotos aus der Zeit vor dem Krieg. Zu sehen ist die ganze Familie vor einem Haus, von dem nur noch Trümmer existieren. Im Winter lebt der Mann mit seiner Frau, der Schwiegertochter und den Enkelkindern in einer Schule in Goražde, im Sommer hier im Zelt. Sein Haus können wir nicht mehr aufbauen, es ist zu sehr zerstört. Die Nachbarin zeigt auf ein winziges Häuschen, das aus einem Raum besteht, in dem sie vor vierzig Jahren ihre Ehe begonnen hat. Es diente später als Urlauberunterkunft. Von ihrem späteren Wohnhaus ist nicht mehr viel zu sehen. Wir beschließen, auf das kleine Haus ein Dach zu setzen und ihr auch Fenster und Türen einzubauen. In Richtung Goražde stehen viele zerstörte Häuser an der Straße. Wir werden hier noch weitere Dächer bauen. Die Familien waren geflüchtet und sind ebenfalls zurückgekommen. Sie leben jetzt in der ehemaligen Garage, die mit Folie abgedeckt ist. Die Heimgekehrten haben bereits viel geschuftet. Sie haben sich Sand von der Drina geholt und begonnen, mit den herumliegenden Steinen zu bauen. Die Hände der älteren Frau hat der Kalk blutig gefressen. Die zwei Familien, Onkel und Neffe, wohnen dicht beisammen. Während ihre Familien nach Goražde flüchteten, haben sie in der bosnischen Armee gekämpft. Hier sind sie zu Hause, hierher wollen sie zurück. Diejenigen, deren Zuhause jetzt auf der serbischen Seite liegt, wollen meist nach Sarajevo. Als wir ihnen mitteilten, daß wir ihre Dächer decken werden, laufen dem älteren Mann die Tränen über das Gesicht. Unter einem winzigen Schuppendach trocknen Tabak und Holz. Mein geliebtes Kinderbuch *Die Höhlenkinder* wird hier überall gelebt. Kochen auf offenem Feuer, alles sammeln, sich auf den Winter vorbereiten, in der Drina fischen und Wäsche waschen.

Sonntag, 28. Juli 1996

Ganz Otes hat am Freitag geholfen, den Zement abzuladen. Er war eine Spende aus Deutschland. Viktoria und Hans von der Osteuropahilfe aus Süddeutschland brachten ihn nach Bosnien. Aber ihre weite Reise war nichts im Vergleich zu der Odyssee, die jetzt begann, um ihre Zollpapiere abstempeln zu lassen, damit sie wieder nach Hause fahren können. Jörg hatte vierundzwanzig Stunden ohne Erfolg darum gekämpft. Aber den erforderlichen Stempel hat er nicht bekommen. Schließlich ging er mit Arabelas Vater zum Zollamt, weil der eine Mitarbeiterin dort kannte. Empört kam Jörg zurück und sagte, Küßchen rechts, Küßchen links, Stahlschrank auf und Stempel drauf. So einfach ist das in Bosnien.

Nachdem die beiden endlich abfahren konnten, fuhren wir nach Zenica. Zwei Leute von *Pax Christi*, die ich in Sarajevo kennengelernt hatte, haben uns eingeladen, das Flüchtlingsheim zu besuchen, in dem sie arbeiten. Das Flüchtlingsheim ist von den Norwegern gebaut worden und hat westlichen Standard. Allerdings wohnen zu viele Leute in einer Unterkunft. In einer achtzehn Quadratmeter großen Küche und zwei Zimmern mit jeweils sechs Betten müssen zwei Familien leben und meistens noch eine einzelne Person. Erst für Familien ab zehn Personen besteht die Möglichkeit, allein in so einer Unterkunft zu wohnen. Zwischen den Barakken haben die Flüchtlinge kleine Beete angelegt, denn sie müssen sich selbst ernähren. Sie bekommen nur Trockennahrung – Mehl, Zucker, Reis. Es gibt in dem Lager keine ärztliche Versorgung, und wer krank wird, muß bis Zenica ins Krankenhaus fahren. In diesem Lager leben nur fünfhundert Familien. Zwanzig Kilometer entfernt gibt es ein sehr viel größeres Flüchtlingslager.

Hans läuft wie ein Tourist durch das Lager, die Fototasche auf dem Hintern. Seine Frau und seine Tochter, die ihr schönstes Kleid angezogen hat, sind auch dabei. Wir besuchen noch ein kleineres Camp. Hier leben zwei Familien zusammen in einem Haus. Ihre Versorgung ist noch schlechter. Viele Leute können nicht in die Stadt gehen, weil sie keine Schuhe haben. *Pax Christi* betreut die Familien und kümmert sich vor allem um die Kinder. Die Mitarbeiter schlafen in einem Betonschuppen, das Ambiente macht den Eindruck mexikanischer Slums. Unsere Leute schweigen. Hoffentlich haben sich mit diesem Besuch die Beschwerden über unsere Unterkunft erledigt.

Dienstag, 30. Juli 1996

Herr Mayer von der Akademie der Künste hat heute tatsächlich die Zeichnungen der tschetschenischen Kinder gebracht. Wir haben die Bilder in die Suppenküche gebracht. In der Suppenküche, die sich im Keller eines Neubaus befindet, stinkt es nach altem Essen. Ich war gespannt auf die Reaktion der Küchenfrauen, weil doch immer wieder alle bezweifelten, ob dies der richtige Ort für so eine Ausstellung ist. Aber in Sarajevo gibt es viele Orte – richtige und falsche. Die Galerien hier sind sicher die falschen. Obwohl wir eine humanitäre Organisation sind, sollten wir in den Galerien pro Tag mindestens hundertfünfzig Mark bezahlen. Soviel verdienen hier manche Leute im ganzen Monat. Die Suppenküche ist vielleicht eine Möglichkeit, um den Leuten zu zeigen, daß ihr Elend nicht das einzige auf der Welt ist. Die Frauen betrachteten schweigend die Bilder. Franziska hat geweint. Pater Mirko sagte, er wolle zur Ausstellungseröffnung Musik machen. Ich sah, wie die dunklen Erinnerungen aufstiegen und die Gesichter ganz leer wurden. Ja, die Suppenküche ist ein richtiger Ort!

<u>Mittwoch, 31. Juli 1996</u>

Heute vormittag hatte ich ein Gespräch mit dem deutschen Botschafter und anschließend mit seinem Stellvertreter. Ich erzählte ihm von dem Problem, daß die Leute zwar Dachziegel bekommen, aber kein Geld hätten, um sich Holz und Nägel zu kaufen. Man müßte transportable Bauhöfe einrichten, bei denen sich die Leute Werkzeug ausleihen und dessen Maschinen sie benutzen können. Der Botschafter fragte mich, wie es in Goražde aussieht, er kann also noch nicht dort gewesen sein.

Donnerstag, 1. August 1996

Heute bin ich mit Herrn Mayer herumgezogen. Wir waren in dem grauen, häßlichen Bau aus den sechziger Jahren an der Miljacka, in dem jetzt die Verwaltung der zerstörten Nationalbibliothek untergebracht ist. Der Direktor zeigte uns voller Wehmut alte Ansichtskarten der Bibliothek. Die meisten Bücher sind verbrannt. Nur wenige konnten gerettet werden. Sie vermodern jetzt in der Tito-Kaserne, die einmal die Universität werden soll.

Am Abend treffen wir uns mit Željko Ivanković. Er ist Vizepräsident des PEN und der HSS (Kroatische Bauernpartei). Wie immer spricht er sehr konzentriert. »Multikulturell« steht nur auf dem Transparent, sagt er leise. Aber tatsächlich haben nicht alle die gleichen Rechte, obwohl sie proklamiert werden. Bosnier, die nicht im SDA sind, bekommen keine Stelle und kein Geld. Die Diskriminierung ist sehr subtil. Zuerst werden die Serben, dann die Kroaten, schließlich die Muslime verdrängt werden, die nicht im SDA sind. Es gibt drei nationale Kulturverbände in Bosnien – den muslimischen, den serbischen und den kroatischen. Der Schriftstellerverband und der PEN sind immer noch multikulturell. Das Präsidium des Schriftstellerverbandes hat neun Mitglieder. Jede Volksgruppe ist durch drei Personen vertreten. Ibrisimovic, der Vorsitzende, ist im SDA. Das ideologisiert die Verbandsarbeit sehr. Der jetzige Präsident des PEN, Kurjenovic, lebt in Chicago. Das Verhältnis zwischen den Hiergebliebenen und den Weggegangenen ist unterschiedlich. Die liberalen Leute wollen, daß sie schnell wiederkommen. Die Fundamentalisten sagen, sie werden nicht mehr gebraucht. Ohne Unterstützung ist eine Rückkehr unmöglich, weil sie keine Arbeit haben und keine Wohnung. Aber es gibt keine öffentliche Diskussion über dieses Problem, weil SDA-Leute in allen öffentlichen Positionen sitzen und die öffentliche Meinung bestimmen. Der Bürgermeister von Sanski Most zum Beispiel sagt, daß jedes Volk nur eine Partei haben muß. Nur einige Schriftsteller, die Muslime sind, sind in der Opposition. Andere wiederum sind nicht im SDA, gehören aber trotzdem nicht zur Opposition. Während des Krieges gab es für die Schriftsteller viel Unterstützung durch den PEN in Schweden, Deutschland, den USA und Slowenien. Jetzt aber ist kein Krieg mehr und so gibt es auch keine Unterstützung mehr. Besonders aktiv waren die Schriftsteller Finkelnkraut, Levi, Glucksmann und Susan Sontag. Die Deutschen haben sich mehr oder weniger zurückgehalten. Einmal wollte Günther Grass kommen, aber dann hat er abgesagt, weil es ihm zu gefährlich war.

Ivanković erregt sich über die deutsche Kritik an der Aufführung des Beckett-Stückes *Warten auf Godot*, das Susan Sontag in Sarajevo inszeniert hatte. »Die deutschen Intellektuellen sind vielleicht Godot«, sagt er leise. Auch über Handkes Buch findet er harte Worte. Er wäre zwei Wochen in Serbien gewesen und hätte schon alle Lügen übernommen. Aber das allein wäre es nicht, es sei auch noch ein schlecht geschriebenes Buch.

Wir fragen ihn nach dem Verhältnis von serbischen und bosnischen Intellektuellen. Zu denen, die Serbien verlassen haben, gibt es Kontakte, jedoch zu denen, die dageblieben sind, nicht. Im Dezember 1993 gab es in Zagreb einen Runden Tisch mit Kroaten und Serben. Allerdings brachte der nicht viel, denn die Blockade zwischen beiden hält noch an.

Ivanković selbst hatte gerade an einer Fernsehsendung in Banja Luka teilgenommen, die anläßlich der Wahlen stattfand. Er war mit einem Auto der OSCE dorthin gefahren und hatte die Ziele und das Programm der HSS vorgestellt. Auf meine Kritik, daß auch diese Partei indirekt zur ethnischen Teilung des Landes beitrage, denn sie nennt sich nicht bosnische, sondern Kroatische Bauernpartei, entgegnete er, daß dieser Name aus taktischen Gründen gewählt worden sei, denn sie sei die älteste Partei Bosniens. Heute allerdings sei sie eine Partei der Intellektuellen. In der Serbischen Republik leben heute neunzig Prozent Serben, im kroatischen Teil Bosniens ebenfalls neunzig Prozent Kroaten und im bosnischen Teil, daß heißt da, wo die bosnische Armee steht, leben achtzig Prozent Moslems. Inzwischen kommen viele Flüchtlinge zurück. Bei den Kroaten und Serben entsteht langsam eine Opposition gegen die eigene Politik, bei den Moslems jedoch noch nicht. Željiko erzählt über die Zeit des Krieges, über sich selbst sagt er lächelnd, er sei ein Kriegsprofiteur. Während des Krieges habe er ein Kind gezeugt und sieben Bücher herausgegeben.

Zlatko, der an unserem Tisch vorbeigeht, setzt sich zu uns. Er beginnt deutsch zu sprechen. Das Thema ist der Krieg. »Ich habe nicht gestohlen, ich war ein guter Mensch. Jetzt ist alles anders. Ich sehe für die Zukunft schwarz.« Zusehends erregt er sich und wechselt erst ins Englische, dann in seine Muttersprache. Er erzählt von seiner Tante, die bei der Einnahme von Ilidča durch die Serben erschossen wurde. Seine Mutter kam mit dem Leben davon, sie erlitt schwere Verletzungen. Am letzten Tag, nachdem sie sich aufgrund des Dayton-Abkommens zurückziehen mußten, haben die Serben sein Haus verbrannt. Zlatko ist heute bei der bosnischen Armee als Verbindungsoffizier zwischen IFOR und der Republik Srpska tätig. Seit sechs Wochen kommen täglich serbische Armeeangehörige nach Sarajevo. Zunehmend lockert sich die Atmosphäre. Inzwischen machen sie Witze und sprechen über Mädchen. Die Serben hätten jetzt weniger Angst vor den Bosniern als vor den eigenen Leuten.

Ich frage mich, wie er hier lebt, denn diese Stadt war auch das Schlachtfeld, auf dem er gekämpft hat. Wie leben die anderen jungen Leute hier? Kann man auf einem Schlachtfeld leben? Die Erinnerungen überfallen einen an jeder Ecke. Wenn ich mit unserem Physiotherapeuten durch seinen ehemaligen Frontabschnitt fahre, ist er jedesmal sehr erregt. Welche Erinnerungen steigen dann wohl in ihm auf?

Heute haben wieder die Kriegsversehrten demonstriert und die Auszahlung ihrer Renten, die bisher nur auf dem Papier existieren, gefordert. Im

Nu hatten sie alle Haupt- und Nebenstraßen mit Müllcontainern blockiert. Sie waren aus dem ganzen Land gekommen. Eine Unmenge von Polizisten war auf den Beinen. Die jungen Krüppel hatten zornige Augen, sie haben ihre Arme und Beine im Krieg gelassen und bekommen nichts. Diejenigen, die gearbeitet oder geschoben haben, sind reich geworden.

<u>Freitag, 2. August 1996</u>

Auf dem Bau in Otes gewesen, die Ausstellung aufgehangen, bosnisch gelernt, Plakate geklebt.

<u>Samstag, 3. August 1996</u>

Heute war Ausstellungseröffnung in unserer Suppenküche in Dobrinja. Ja, das ist der einzige Ort in Sarajevo, an dem die Zeichnungen hängen können, ohne zur Attitüde zu werden. Hier in der Suppenküche haben die Leute während des Krieges zusammen gesessen, gesungen und das Ende des täglichen Beschusses abgewartet, um in der Sicherheit der Nacht nach Hause gehen zu können.

Die Küchenfrauen hatten bereits die Tische zusammengestellt und ein kleines Buffet angerichtet – kleine Schnittchen mit der ewigen Geflügelwurst, auf der die Mayonnaise nicht fehlen darf, Früchte,

Plätzchen, Saft. Dia spricht die ersten deutschen Worte zu mir: Ich brauche Blumen. Ich fahre mit Jörg nach Otes, und wir pflücken einen herrlichen Feldblumenstrauß, der ihr ganz und gar nicht gefällt. Seid nicht so geizig, sagt ihr Gesicht.

Etwa vierzig Leute sind gekommen. Auch unsere Minensucher sind mit ihren Kindern da. Ein Vertreter der Botschaft steht etwas verlegen in seinem Anzug herum. Elke Braun vom Roten Kreuz ist gekommen und der Abt der Franziskaner, der nach meinen Eröffnungsworten in russischer Sprache spricht. »Tschetschenien, was hast du uns zu sagen? Daß wir unser Schicksal in die eigenen Hände nehmen müssen.«

Mirko, unser herrlicher Franziskaner, über den immer alle bedauernd sagen, schade, daß er nicht heiraten darf, macht Musik mit seiner Gruppe. Vorher aber hat er noch Kinder von der Straße hereingeholt, die so brav an den Tischen sitzen, als käme gleich der Weihnachtsmann. Dann wird gesungen und gespielt: bosnische, kroatische, serbische, jüdische Lieder. Die ganze musikalische Vielfalt Bosniens erklingt. Unsere Jungen sitzen wie die Stockfische am Ende des Tisches. Jedes Kind bekommt ein Geschenk, ein gefülltes Ei, das sicher noch von einer Osterspende übriggeblieben ist. Aber sie sind glücklich und singen voller Inbrunst mit. Ein Vater sagt zu mir, solche Bilder haben die Kinder in Dobrinja während des Krieges auch gemalt; wir müssen unbedingt auch so eine Ausstellung machen.

Die traurigen Gesichter!

Das Gesicht der jungen Frau in der Straßenbahn,

deren Augenlid so heftig zitterte und die sich offensichtlich bemühte, nicht zu weinen.

Oder Sinas Gesicht. Wenn sie sich unbeobachtet fühlt, läuft sie wie eine Marionette. Ihr sonst so freundliches Gesicht ist dann ganz starr.

Auch die junge Frau, die heute mit ihren drei Kindern zur Ausstellungseröffnung kam, hatte ihr Lächeln wie eine Maske aufgesetzt, während ihre Augen todtraurig aussahen. In Gedanken war sie vielleicht mitten im Krieg.

Oder das Gesicht der alten Frau, die Tag und Nacht an der Prnjavorska hockt, müde an ihrer Drina zieht und ihren Blick ganz in sich zurückgezogen hat.

Wenn die Menschen, Männer und Frauen, sich unbeobachtet fühlen, sehen sie fast alle zu Tode erschöpft aus.

Sonntag, 4. August 1996

Mit Jörg noch einmal zum Tunneleingang gefahren, den er noch nicht kannte. Der Tunnel zerfällt zusehends. Wieder geht ein Denkmal unter, bevor es eines geworden ist, wie die Berliner Mauer. Es ist merkwürdig, daß die Menschen aus ihren Niederlagen keine Siege machen können. Vielleicht kann man aus einer Niederlage nur einen Sieg machen, wenn man lernfähig ist. Aber das sind die Menschen wohl doch nicht so recht. Daß in Sarajevo die Menschen vier Jahre lang wie die Hasen gejagt wurden und daß die Ostdeutschen achtundzwanzig Jahre lang eingesperrt waren, zählt mehr, als daß Sarajevo auch durch den Tunnel überlebt hat und die Ostdeutschen die Mauer überwunden haben. Dabei wären gerade die Berliner Mauer und der Tunnel von Sarajevo Denkmäler, um zukünftigen Generationen etwas darüber zu erzählen, was Menschen ertragen können und wozu sie fähig sind. Die Müllkippe Sarajevos wollte ich schon lange sehen, denn den ganzen Tag hängt über der Stadt eine Rauchwolke, die die Sonne verdunkelt. Auf der anderen Seite der Stadt liegt die Müllkippe. Wir beschließen, dorthin zu fahren. Als wir endlich den Berg erklommen haben, sehen wir brennende Autoreifen, verrostete Autowracks, alte Geschoßhülsen, Fernsehgeräte, Kühlschränke, Berge von Verpackungsmaterial für Lebensmittelpakete. Alles wird den Berg hinaufgekarrt und in das dahinter liegende Tal gekippt. In Sarajevo sind Berge von Müll beseitigt worden, aber täglich entstehen neue. Nach kurzer Zeit sind die neu aufgestellten blinkenden Container verrostet und durchgebrannt, weil sie ständig wieder angezündet werden. Die Menschen werfen den Müll dahin, wo gerade ein Plätzchen frei ist. Manche Leute meinen, das würden jene machen, die vom Land gekommen seien. Vielleicht ist es auch nur eine Angewohnheit aus dem Krieg, vielleicht aber verbirgt sich auch dahinter die Botschaft, daß alles gleichgültig ist. Das Leben, die Familien, die Seelen sind kaputt, da kommt es auf den Müll auch nicht mehr an. Er hängt an den Sträuchern, liegt auf den Wegen, sammelt sich an allen Ecken.

Nicht weit von uns explodiert auf einem anderen Hügel eine Granate. Jeden Abend sind Schüsse zu hören. Wer da schießt, ist nicht leicht in Erfahrung zu bringen. Mal sind es angeblich Salutschüsse anläßlich einer Hochzeit, mal soll ein Mafiaboß gejagt worden sein. Jeder hat hier seine Waffe im Haus!

<u>Montag, 5. August 1996</u>

Wieder nach Ustikolina, denn wir haben Zement und Kalk hingebracht. Wir schließen uns während der Fahrt dem IFOR-Konvoi an, der um 9.30 Uhr vom Flughafen losfährt. Die Fahrer haben Angst, mit beladenen Lastwagen durch die Serbische Republik zu fahren. Sie befürchten Überfälle, die auch tatsächlich vorkommen. In Ustikolina ist das Abladen bestens organisiert. Alle fassen mit an. Heute frage ich den Bürgermeister doch, wer ihm die nagelneue Ausstattung seines Arbeitszimmers spendiert hat. Die iranische Botschaft, antwortet er verlegen lächelnd.

<u>Dienstag, 6. August 1996</u>

Gestern habe ich mich mit Karel Lukac getroffen, der uns ungarische Dachziegel besorgen will, da die bosnischen, kroatischen und slowenischen Firmen mit der Produktion nicht nachkommen. Alle verdienen am Krieg. Butter aus Deutschland, Mayonnaise mit deutscher Lizenz aus Kroatien, kroatische Hühnerwurst usw.

Wieder haben wir viel getrunken und über den Krieg gesprochen. Ohne Alkohol wird nicht darüber gesprochen, er hilft, die Blockade zu überwinden. In deutsch-bosnischem Wortschwall erzählt er mir, daß er früher Mitglied des Kommunistischen Bundes gewesen sei und sich noch immer als Kommunist fühle. Trotz aller Kritik an Tito stehe er zu dessen Politik. Die Jugoslawen konnten reisen, es gab keinen Krieg, er konnte eine Privatfirma neben seinem Beruf als Lehrer betreiben. Eigentlich ist er kein Jugoslawe, sondern kommt aus Sarajevo. »Das ist meine Stadt.« Obwohl er in Otes gekämpft hat, war er nach dem Krieg nicht mehr dort. Otes ist mein Schicksal, sagt er.

Ich überrede ihn, sich mit mir die neuen Dächer in Otes anzusehen. Zuerst weigert er sich, aber dann fahren wir zusammen dorthin. Als wir den Bahndamm passieren, rinnt ihm der Schweiß in Strömen über das Gesicht. Dahinter liegt die Ruinenstadt Otes, die er vor dem Krieg nicht kannte, aber die er nun nie wieder vergessen wird. An einem Haus, dessen Dach *Cap Anamur* neu gedeckt hat, steigen wir aus. Lukac beginnt mit den Leuten ein Gespräch. Auch sie sind der Meinung, es sei nicht rechtzeitig Verstärkung geholt, und die Waffen seien nicht von der bosnischen Armee an die in Otes kämpfenden Soldaten ausgeliefert worden. Otes sei verraten worden.

Mittwoch, 7. August 1996

Am Morgen bin ich mit Muamera in die Suppenküche gefahren, um zu sehen, wie die Zeichnungen die Feuchtigkeit überstehen. Dia hatte einen sehr schlechten Tag. Obwohl sie müde Augen hatte, schaute sie giftig durch ihre dicken Brillengläser und sortierte eine Kleiderspende, die aus Deutschland gekommen war. Dia wird Anfang Dreißig sein. Vor ein paar Wochen hat sie ihren Mann verlassen. Die zwölfjährige Tochter lebt bei ihrer Großmutter in Kiseljak. Ihr Mann hat zuviel getrunken, aber ich glaube, daß auch Dia manchmal ganz schön tief ins Glas schaut. Gründe gibt es genug dafür. Allein die deprimierende Aufgabe, jeden Tag aus Fischbüchsen, Fleischbüchsen, Gemüsekonserven und Reis ein Mittagessen für dreihundertsiebzig Leute zu zaubern, kann einen zur Verzweiflung bringen. Aber ihre ganze Situation ist verzweifelt. Sie leidet an multipler Sklerose. Wahrscheinlich wird sie eines Tages ihr Leben in einem der Rollstühle verbringen, die sie heute für »ihre« Leute organisiert.

Donnerstag, 8. August 1996

Wie viele Querschnittsgelähmte dieser Krieg gekostet hat, kann niemand genau sagen, denn ein Teil von ihnen wurde bereits während des Krieges ausgeflogen und lebt inzwischen im Ausland. Andere sind erst nach dem Krieg weggegangen, weil sie sich im Ausland eine bessere Behandlung versprechen. Während des Krieges gab es keine Rehabilitationsmöglichkeiten, wer lag, der lag. Oft haben sich die Leute wundgelegen. Sie erhielten kein Blasentraining, waren sich selbst überlassen und auf die Hilfe von Freunden und Verwandten angewiesen. Auch heute noch ist die Behandlung Querschnittsgelähmter mehr recht als schlecht. Im Paraplegikerzentrum arbeiten drei querschnittsgelähmte Frauen. Sie sitzen im Rollstuhl an ihrem Schreibtisch. Der Raum ist klein, ein ehemaliger Laden. Die Fensterscheiben sind noch immer zerbrochen. Man hat sie mit Folie abgedichtet, auf der für den UNHCR geworben wird. Auf dem Fußboden liegt feuchtes Packpapier. Der ganze Raum stinkt nach Urin. Zwei der Frauen saßen bereits vor dem Krieg im Rollstuhl, eine wurde das Opfer eines Snipers (Heckenschützen). Alle drei haben traurige Augen und eine tiefe rauchige Stimme, denn auch bei ihnen geht die Drina niemals aus. Wenn ich im Koševo-Krankenhaus bin, begegnet mir jedesmal ein Zug junger Männer, die in nagelneuen Rollstühlen sitzen. Fast alle haben keine Beine mehr. Im Paraplegikerzentrum des Koševo-Krankenhauses werden fünfzig bis sechzig Patienten betreut. Sie können sich am Computer ausbilden lassen oder eine Sprache lernen. Dies ist eine Therapiemaßnahme, denn Arbeit werden sie bei der hohen Arbeitslosigkeit nicht finden.

Wir bringen eine Patientin mit dem Auto zu ihren Verwandten nach Ilidča, die zu den Flüchtlingen aus Žepa gehören. Sie war früher Leichtathletin und wurde das Opfer eines Sniperschusses. Mühsam zieht sie sich in den Landrover. Muamera reicht ihr das Windelpaket hinterher, das sie ihr Leben lang brauchen wird.

Lukac zeigt mir sein Sarajevo. Wir gehen abends in die Kellerkneipe, von der er schon soviel erzählt hat. Vor dem Krieg war sie ein kleines Tonstudio. Im Krieg wurde es zum Überlebensraum. Hier trafen sich fast immer dieselben Leute. Während draußen die Granaten flogen, haben sie hier gesungen, musiziert und gemeinsam die Angst ausgeschaltet, bis auch sie sich im Dunkel der Nacht nach Hause wagten. Wie viele solcher Überlebensräume mag es in Sarajevo wohl gegeben haben?

Zwei kleine Räume, vier Tische, ein Klavier. Alle sind sehr lustig. Einer kommt und setzt sich, ohne ein Wort zu sagen, ans Klavier. Das hat er während des Krieges auch getan, sagt jemand erklärend zu mir. Früher war er der Chef der Slowenischen Bank, dann kam der Krieg, jetzt ist er nichts mehr. Plötzlich beginnt Alma, die Serviererin, zu weinen. Sie schluchzt ganz tief und kann diesem wilden Schluchzen nicht mehr Einhalt gebieten. Jemand streichelt sie, niemand fragt, warum sie weint. Alle wissen es. Lukac zuckt hilflos mit den Schultern; das ist der Krieg, heute weint Alma und morgen ich.

Freitag, 9. August 1996

Die einzige Schule Bosniens für körperlich und geistig behinderte Kinder ist in Sarajevo. Früher besuchten etwa einhundert Kinder die Schule. Untergebracht waren sie in einem Internat oder bei Familien. Während des Krieges wurden die Kinder evakuiert. Zweiunddreißig Kinder kamen nach Pretzsch, einem Kinderheim bei Wittenberg. Begleitet wurden sie von einem Troß Familienangehöriger und anderer Leute, die Sarajevo verlassen wollten. Natürlich war das damals in Ordnung, denn in Sarajevo war Krieg.

Die Schule wurde Stabsquartier der bosnischen Armee. Alles, was hier zerstört wurde, haben nicht die Serben, sondern hat die bosnische Armee selbst getan. Die Badewannen wurden zerschlagen, die Elektrik herausgerissen, die Heizung demontiert, Sport- und Musikinstrumente geklaut. Die Möbel wurden verbrannt, selbst das Archiv wurde vernichtet, sagt der Direktor, in dessen »Überlebensraum« wir gestern waren.

Als wir die Schule besichtigen, weiß ich, warum er soviel trinkt. Es muß einen zur Verzweiflung bringen, wenn die eigenen Leute alles zerstören. Warum aber haben sie das getan? Wenn Menschen in einem Krieg dieselbe Sprache sprechen, bringt das vielleicht großen Selbsthaß mit sich.

Heute werden in dieser gebeutelten Schule einhundertsechzig Kinder unterrichtet. Von den fünfundzwanzig Lehrern sind nur vierzehn geblieben. Der Rest ist in alle Welt zerstreut. Die meisten sind mit ihren Familien nach Pretzsch gegangen. Der Direktor sagt, wenn diese Lehrer nicht zurückkommen, müssen sie den Schulbetrieb einstellen. Auch die Eltern wollen ihre Kinder wiederhaben. Es sind jetzt noch achtzehn Kinder in Deutschland, denn einige Eltern haben ihre Kinder bereits zurückgeholt. Aber bisher ist kein Lehrer zurückgekehrt. Das ist sicher kein Wunder, wenn man bedenkt, daß die Lehrer in Bosnien nur hundertfünfzig Mark verdienen und unter diesen schwierigen Umständen unterrichten müssen. Die methodistische Hilfsorganisation UMCHOR hat ein paar Fensterscheiben eingesetzt, vier Klassenräume und die Sporthalle gestrichen. Dann sind sie wieder abgezogen, weil das Geld alle war. Überall regnet es durch. In den Räumen hängt jeweils eine matte Glühbirne, die anderen wurden geklaut.

Beim anschließenden Kaffee erzählt Lydia, die Frau des amtierenden Direktors, daß sie Kroatin und ihr Mann Moslem sei. Ihr Sohn habe bei seinen kroatischen Verwandten in Zagreb gewohnt, um dort zu studieren. Jetzt hätten sie ihn zurückgeschickt, weil er das Kind einer gemischten Ehe sei. Wohin gehören denn nun diese Kinder, fragt sie traurig.

Samstag, 10. August 1996

In Otes ist Straßenfest. Das erste Fest nach dem Krieg. Leichtsinnig haben wir auf unser kleines Plakat geschrieben, daß es Bier und Ćevapčići umsonst geben wird. Die Jungen haben ihren Bauplatz geräumt, daß er nur so blitzte, haben Müll weggefahren, Gras gemäht, Tische und Bänke, eine Spielwand gebaut. Die Kinder haben mir geholfen, die Luftballons aufzublasen, die dann in der Sonne platzten. Bei jedem Knall zuckten alle erschrocken zusammen. Als wir den Platz schmückten, schauten sie immer wieder auf meine Uhr. Wann beginnt denn endlich das Fest!

Pünktlich um 16.00 Uhr kamen von allen Seiten die Leute. Wie viele Menschen in Otes noch wohnen, haben wir bisher nicht gewußt. Feierlich angezogen, denn es war wirklich ein großes Ereignis. Zwei alte Männer hatten ihr Akkordeon dabei. Sie setzten sich auf einen Hocker, die anderen Männer ins Gras, während die Frauen am Tisch Platz nahmen. Und dann ging es los.

Die Traube um unseren Grill nahm nicht eine Minute ab. Das Bier war natürlich nach einer Stunde alle. Mit den Kindern zu spielen, war fast unmöglich, weil sie wie die Kletten an unserem Karton hingen, der die Preise enthielt. Am begehrtesten waren die Schulranzen und Federtaschen, die der ehemalige Ausländerbeauftragte von Sachsen-Anhalt, Wolfgang Kupke, gesammelt hatte.

Fast alle Projektmitarbeiter waren da. Als sich die Masse verlaufen hatte, organisierte Mirko für die

Frauen ein Zielschießen mit dem Fußball. Brav standen sie alle in einer Reihe. Diejenige, die am besten traf, bekam von ihm zwanzig Mark. Ich habe noch nie Frauen mit so angespannten Gesichtern spielen gesehen und noch nie Männer, die ihre Frauen so anfeuerten.

Fast alle Projektmitarbeiter waren gekommen. Unser bosnischer Mitarbeiter Alexis teilte begeistert Bier aus, selbst den Kindern überließ er ab und zu eine Flasche. Zwei andere brutzelten stundenlang am Grill und hielten der Menschenmasse stand. Melonen wurden geschnitten und Bonbons mit Freude verteilt. Es war seit langer Zeit das erste Mal, daß er etwas zu verschenken hatte!

Zum Schluß waren wir nur noch ein kleines Häufchen, das sich schwer von dem Fest trennen konnte. Mirko und seine Musiker spielten wieder Lieder aus allen Teilen des ehemaligen Jugoslawien, alle sangen. Es wurde sogar getanzt.

Morgen fährt Hermann nach Hause. Der Abschied fällt ihm offensichtlich schwer. Ralf, Peter II und Martin werden nach Ustikolina fahren, um dort mit dem neuen Bauprojekt zu beginnen.

Endlich sind wir wirklich so eine »verschworene Gemeinschaft«, wie sie sich Rupert Neudeck immer wünscht.

Sonntag, 11. August 1996

Heute bin ich mit Lukic noch einmal über den Igman und nach Bjelašnica gefahren. Er wollte mir die sinnlose Zerstörung des ehemaligen Skigebietes zeigen. Hier ist er mit seiner Familie zum Wintersport gefahren. Sportler aus aller Welt sind in Bjelašnica gewesen, denn hier fanden die Olympischen Spiele statt. Jetzt sind die Hotels nur noch Ruinen, ist das Gebiet eine verlassene Einöde. Am Fuß der großen Sprungschanze haben sich IFOR-Truppen eingenistet. An der Straße liegen mehrere neue Friedhöfe. Auf allen Holztafeln, die auf den Gräbern stehen, ist als Todesjahr 1993 verzeichnet. Kaum einer der Toten wurde älter als zwanzig Jahre. Sie sind im Krieg gefallen.

Vor dem Krieg war Lukac Lehrer an der einzigen Behindertenschule Bosniens gewesen. 1992 hatte man mehrere der Kinder nach Pretzsch in Deutschland evakuiert. Lukac kämpfte dann bis zum Juli 1993 in der bosnischen Armee. Schließlich hielt er die Sinnlosigkeit nicht mehr aus, denn auf allen Seiten geschahen Greueltaten. Er ließ sich aus der Armee entlassen und ging für einige Zeit nach England, wo eine Tochter bereits seit 1991 lebte, dann nach Pretzsch zu den evakuierten behinderten Kindern. Dorthin kam dann seine Frau, die seit 1992 in Kroatien war, und seine zweite Tochter, die zwischenzeitlich auch in England gelebt hatte. Fast jede Familie ist durch den Krieg auseinandergerissen worden.

Vom Igman hat man einen wunderbaren Blick auf Sarajevo und das bergige Umland. Aber die häßlichen Neubauten stören selbst von hier oben das Bild. Lukac erklärte mir den ehemaligen Frontverlauf. Vom Igman bis zum Flughafen von Sarajevo mußte man eine weite Ebene überqueren, die fast nirgends Schutz bot. Links liegt Otes, dort waren die Serben und schossen von einem Hotel aus auf alles, was sich bewegte. Rechts hatten sich die Serben auf einem Berg eingenistet und schossen ebenfalls. Mehrmals mußte Lukac vom Igman nach Sarajevo. Im Dunkel mußte man nach Raznica, ein kleines Städtchen, das am Fuße des Igman liegt, dann weiter nach Budmir und von dort aus zum Flughafen. Den mußte man überqueren, weil es den Tunnel noch nicht gab. Dort standen französische UNPROFOR-Truppen. Lukac haßt die Franzosen. Er sagt, sie standen auf der Seite der Serben. Einmal faßte ihn eine französische Streife und sagte zu ihm: »Wo willst du hin? Dort ist Mister Tschetnik und da sind die Bosnier.« Wenn man zu den Bosniern wollte, wurden Medikamente, Lebensmittel und Waffen konfisziert. Die Serben rechts und links des bosnischen Korridors standen so nah, daß er jedesmal befürchtete, im Dunkeln die Orientierung zu verlieren und ihnen in die Arme zu laufen.

Als der Krieg begann, gab es noch keine Brücke über die Željeznica. Man mußte sich, die Kleidung auf dem Kopf, an einem Seil durch den Fluß hangeln. Am schlimmsten waren die kalten Oktobernächte, wenn der Fluß Hochwasser führte und das Wasser eisig und reißend war. Lukac zeigte mir die

Reste eines Hauses, von dem aus man zwischen zwei Granatsalven zum Fluß rennen mußte. Bereits 1992 wurde begonnen, über die Željeznica eine Brücke zu bauen, die ein Jahr später fertig wurde. Gebaut wurde sie von zwangsverpflichteten Serben, die auf der bosnischen Seite geblieben waren. Die Brücke hat vielen Serben das Leben gekostet. Die Serben wußten zwar, wer die Brücke baute, aber deshalb schonten sie ihre Landsleute noch lange nicht. Dasselbe ist im serbisch besetzten Stadtteil Grbavica geschehen. Dort wurden die Moslems, die die Straßen ausbessern mußten, von der bosnischen Armee beschossen.

Wir sprachen auch wieder über Otes. Lukac erzählte, daß dieser Ort von den Serben eingenommen werden konnte, weil sie damals keine Verstärkung durch die bosnische Armee bekommen haben. Er habe damals auch eine Serbin und ihre kleine Tochter mit durchgeschnittener Kehle auf der Straße liegen sehen. Das hatten Soldaten der sich zurückziehenden bosnischen Armee getan. »Das waren meine Leute. Warum?« fragte mich Lukac.

Als er nach Kiseljak kam, das kaum dreißig Kilometer von Sarajevo entfernt ist, hat er die vollen Schaufenster gesehen. Weil er Kroate war, wurde er von der bosnischen Armee nach Kiseljak geschickt, um mit den Kroaten über die weitere Lieferung von Waffen zu verhandeln. Sie hatten die Lieferungen gestoppt, weil die bosnische Armee sie nicht weiterleitete. Obwohl damals in Sarajevo der Hunger am größten war und die Lebensmittel fast unbezahlbar, hatte ihm niemand etwas zu essen angeboten. Da wußte er, daß dieser Krieg nicht »ihr« Krieg war, sondern ein Krieg zum Geldverdienen. Es war der Krieg der Tschetniks, der Ustaschas und der Balias.

<u>Dienstag, 13. August 1996</u>

Arabela ist tot. Die kleine, lustige Arabela wird nicht mehr vor unserem Haus sitzen und auf ihren kleinen Bruder aufpassen. Mit Peter, der in unserem Minenprojekt arbeitet, hat sie am Sonntagnachmittag eine Spritztour gemacht, die sie das Leben kostete. Auf einer geraden, unbefahrenen Landstraße hinter Otes kam der Landrover ins Schleudern, als Peter einem Radfahrer ausweichen wollte. Der Wagen überschlug sich. Arabela war sofort tot. Ihr kleiner Bruder und Peter überlebten mit einigen Schrammen. Peter wurde in das italienische Militärhospital eingeliefert. Noch Sonntagnacht fuhr ich in die Tito-Kaserne. Da saß er mit seinem zerschundenen Gesicht. Gestern habe ich mit Arabelas Eltern gesprochen, mußte zur Polizei, Fotos für die Versicherung machen, einen Gutachter suchen, die Unfallstelle besichtigen, den Wagen abschleppen lassen, das Minenprojekt neu organisieren und und und.

Bereits heute wurde Arabela auf dem Stadtfriedhof beerdigt. Der Friedhof ist der größte in Sarajevo. Alle Konfessionen haben hier ihren eigenen

Hügel. Auf dem Friedhof liegen sie zusammen: Moslems, Katholiken, Orthodoxe, Juden, Atheisten. Die Gräber ziehen sich bis zur weit entfernten Straße hin.

Die Beerdigung dauerte keine Stunde. Sehr viele Menschen waren gekommen. Arabelas Mutter blieb nach moslemischer Sitte mit den befreundeten Frauen zu Hause. Der Sarg wurde mit einem Auto bis an das Grab gefahren, der Hodscha ebenfalls. Die Mullahs sprachen am Sarg ein kurzes Gebet, und die gläubigen Moslems knieten nieder. Alle waren in ihrer Alltagskleidung erschienen. Arabelas Vater begrub mit eigenen Händen seine einzige Tochter. Nachdem das Grab zugeworfen war, zündeten sich die Männer eine Zigarette an und umarmten sich tröstend.

Einen schönen Platz hat die kleine Arabela, ganz oben auf dem Berg, gegenüber einem Bergmassiv, das während des Krieges von den Serben besetzt war. Deren Granaten ist sie viele Jahre entkommen, wenn sie zur Schule ging. Jetzt mußte sie sterben, weil sie ein bißchen versäumtes Leben nachholen wollte.

Arabelas Mutter sagte gestern zu mir, es sei nicht wichtig, wie schnell Peter gefahren ist. Es ist nicht wichtig, wer Schuld hat und wer nicht. Arabela ist tot. Es ist Schicksal. Sie habe viel Freude durch *Cap Anamur* gehabt. Sie habe deutsch gelernt. Ihre Mutter zeigte mir einen kleinen Zettel, auf dem geschrieben steht: gut, besser, am besten; weit, weiter, am weitesten. Jetzt ist sie sehr weit fort. Ein paar Tage Spaß rechtfertigen den Tod nicht.

Donnerstag, 15. August 1996

Aber das Leben geht weiter. Wie oft habe ich in den letzten Tagen diesen Satz gehört. Gestern abend auch von unseren Jungen, die kein Verständnis dafür haben, daß Rupert Neudeck Privatfahrten mit den Autos von *Cap Anamur* verboten hat. Dabei ist das für ihn die einzige Möglichkeit, seinen Teil der Verantwortung wahrzunehmen.

Die öffentlichen Verkehrsmittel sind natürlich schlecht, aber immerhin gibt es sie wieder. In den letzten Monaten hat der Autoverkehr in der Stadt beängstigend zugenommen. Viele Autos sind uralte Klapperkisten mit zerbrochenen Frontscheiben, verrosteten Kotflügeln, zerbeulten Türen, ohne Scheinwerfer. Ein Teil von ihnen hat den Krieg überlebt, aber es kommen auch neue, schnelle Wagen – vor allem aus Deutschland. Fahren tun sie alle, als ob noch die Sniper auf den Bergen stehen würden. Es wird eine solche Aggressivität sichtbar, das man meinen könnte, hinter dem Lenkrad sitzen Leute, für die ein Menschenleben keinen Wert hat. Sie rasen mit gleichbleibender Geschwindigkeit durch die Stadt, die Fußgänger müssen zur Seite springen. Das Auto rigoros als Kampfmittel eingesetzt. Kaum ein Autofahrer hält hier wegen eines Fußgängers. Wenn man es dennoch tut, sind die natürlich so verwundert, daß sie wie gelähmt stehenbleiben. Oft gehen die Ampeln nicht, niemand benutzt die Sicherheitsgurte, obwohl das auch hier Pflicht ist. Manchmal kassiert ein Polizist deshalb drei Mark, aber wahrscheinlich nur, weil er ein Bier trinken möchte, denn Quittungen gibt es nicht. In unserem Team wissen alle, daß der Sicherheitsgurt Lebensretter sein kann, trotzdem benutzt ihn niemand. Vielleicht würde Arabela sonst noch am Leben sein. Wie schnell bricht in allen Lebensbereichen die Verantwortungslosigkeit durch, wenn sie nicht ständig durch strenge Regeln erzwungen wird.

<u>Freitag, 16. August 1996</u>

Endlich ist die Dialysemaschine in Sarajevo eingetroffen. Seit einem halben Jahr ist sie unterwegs. Monatelang stand sie in Zagreb. Wir erhielten keine Genehmigung, sie nach Bosnien zu bringen, weil sie für das Kasindo-Krankenhaus in der Serbischen Republik bestimmt ist. Den ganzen Tag bin ich von Amt zu Amt gelaufen, damit das Transportunternehmen Intersped sie ausliefert. Im Pförtnerkabuff des Auslieferungslagers hing noch ein Titobild an der Wand. Viele Leute schauen mit Sehnsucht auf die Titozeit zurück, denn es flogen keine Granaten, und die Welt war noch in Ordnung. Daß in Ostdeutschland noch irgendwo ein Honeckerbild eine Pförtnerloge ziert, kann ich mir nicht vorstellen.

Lukac sagt, Sozialismus war nicht gleich Sozialismus. Das hatte mit eurem Honeckersozialismus nichts zu tun, sonst hättet ihr ja auch nach Jugoslawien fahren können. Wer natürlich gesagt hat, Tito ist ein Arschloch, wanderte auch hinter Gitter. Erst in fünfzig Jahren wird man wissen, was Tito für Jugoslawien bedeutet hat.

Samstag, 17. August 1996

Heute hatte ich ein langes Gespräch mit Zoltan Ilić, dem Editionschef des unabhängigen Fernsehsenders *Studio 99*. Was können die Deutschen für Bosnien machen, ist meine Frage. Ilić beklagt, daß Bosnien unter einer Armeeregierung steht. Warum gibt es keine Zivilregierung? Warum sprechen die westlichen Politiker nur mit drei Seiten, warum nicht mit der vierten? Sie sprechen nur mit den Politikern, nicht aber mit dem Volk.

Die Menschen wollen sich wiedersehen, deshalb gehen sie auf die jeweils andere Seite. Der Streit, der entsteht, wird provoziert. Es war organisiert, daß zweihundert Moslems auf die serbische Seite gingen, um nach den Gräbern ihrer Angehörigen zu sehen. Auch die Serben organisierten eine Gruppe, und es kam zum Streit. Wenn man als einzelner geht, gibt es fast nie Auseinandersetzungen. Eigentlich wird sich nur über die Aufteilung des Territoriums gestritten. Die bosnische Regierung unternimmt nichts dagegen, daß die Serben vertrieben werden. Aber auch die Moslems werden rausgeschmissen, wenn sie nicht mit der Ideologie einverstanden sind. Viele Leute werden aus der Wohnung vertrieben und auf die Straße geworfen, nur weil sie nicht in der SDA sind. Es gibt keinen Plan, wo und wie diese Menschen leben sollen. Um zu überleben, müssen die Menschen alles machen, was die Regierung will. Von den vielen Flüchtlingen wollen viele zurückkommen, aber sie wollen in ihr eigenes Haus zurück. Obwohl sie alles verstehen, sagen sie, »wenn jemand in meinem Haus ist, erschieße ich ihn«.

Ilić befürchtet, daß zunehmender Terrorismus die Konsequenz sein wird. Es wird auch eine Gruppe geben, die nie zurückkommt, aber vom Ausland aus auf diesem Gebiet aktiv sein wird. Der Terrorismus in Palästina sah aus wie ein individueller. Dann stellte sich heraus, daß er organisiert war. Was wird es für ein Terrorismus sein, der sich auf Flüchtlinge in der ganzen Welt stützen kann?

Die westlichen Politiker, aber vor allem die deutschen, müssen die Menschen suchen und unterstützen, die nicht für die Teilung des Landes sind, die die Hoffnung haben, daß ein Zusammenleben möglich ist, und die das auch praktizieren. Aber alle lassen sich erpressen. Herzog-Bosna von der Föderation abzutrennen bedeutet die Teilung Bosniens. Es geht nur darum, welche Teile bekommen die Serben, die Kroaten, die Moslems. Wenn es aber dazu kommt, daß Bosnien geteilt wird, wird es eine neue Flüchtlingswelle geben.

Die unabhängigen Medien haben beschlossen, sich zusammenzuschließen. Auch unabhängige Journalisten aus Westmostar wollen sich beteiligen. Die amerikanische und deutsche Administration hat dafür zehn Millionen Dollar bereitgestellt.

Die Kooperation sollte Carl Bildt übernehmen. Von April bis heute hat die Regierung noch nicht ihre Erlaubnis dazu erteilt, und die UNO besitzt keine Macht, diesen Beschluß durchzusetzen.

»Was können die Deutschen machen«, frage ich noch einmal. Ilić sagt, sie sollten sich mit aller Macht für eine Zivilregierung mit ausländischen Politikern einsetzen, für ein zeitweiliges Verbot aller Parteien und dafür, daß fünfzigtausend Soldaten im Land bleiben. Aber wenn sie schon hier sind, müssen sie sich für ein friedliches Zusammenleben einsetzen und dürfen den organisierten Provokationen nicht tatenlos zuschauen. Vor dem Krieg gab es in Sarajevo vierunddreißig Prozent gemischte Ehen und in Mostar sogar achtunddreißig Prozent. 1993 wurden trotz aller Schwierigkeiten in Sarajevo fünfzehn Prozent gemischte Ehen neu geschlossen. Allerdings wird permanenter Druck auf diese Ehen ausgeübt, leider auch von Angehörigen. Viele lassen sich nach zwanzig Jahren Ehe scheiden.

Bei *Studio 99* arbeiten achtzig Leute aller Konfessionen zusammen. Man kann hier zusammenleben.

<u>Sonntag, 18. August 1996</u>

Meine Zeit hier läuft ab. Schade, wie gern würde ich jetzt noch bleiben. Hans, mein Nachfolger bei *Cap Anamur*, ist gekommen. Ich muß ihn in die Projekte einführen. Heute sind wir nach Ustikolina gefahren und haben gleichzeitig Verstärkung abgeliefert. Markus, der schon einmal als Schreiner in Otes gearbeitet hat, und sein Freund Simon bleiben da.

Die drei Jungen haben in dieser Woche sehr viel geleistet. Aus der alten Fabrikhalle ist ein Bauhof geworden. Einen Dachstuhl haben sie auch noch gebaut. Die drei leben wie Höhlenbewohner, aber sie sind glücklich. Es ist wirklich eine gute Aufgabe, ein bißchen Hoffnung nach Ustikolina zu bringen.

Während der Rückfahrt fällt grauer, dünner Nieselregen. Die Serbische Republik liegt wie ausgestorben. Wegen der serbischen Weigerung, die Waffenlager kontrollieren zu lassen, sind die IFOR-Truppen verstärkt worden. Hinter Rogatica, einem kleinen serbischen Städtchen, sind IFOR-Panzer drohend in Stellung gegangen. Die Luken waren geschlossen. Wo waren die Serben? Die einsame graue Höhe bot uns nirgends Schutz. Kein gutes Gefühl, weit und breit das einzige bewegliche Objekt zu sein.

Montag, 19. August 1996

Stanko Slišković ist Präsident der Kroatischen Bauernpartei von Bosnien und Herzegowina. Zur HSS gehört auch der in Deutschland bekannte Ivo Komšić. Die HSS ist die älteste Partei im Block der fünf Parteien, die keine ethnisch orientierte Politik machen und sich zur »Vereinigten Liste« zusammengeschlossen haben.

Slišković ist Kroate, aber er hat auf seiten der bosnischen Armee gekämpft und Sarajevo verteidigt. Er spricht über die Ziele seiner Partei und über die gegenwärtige politische Situation Bosniens. Die Rückkehr der Flüchtlinge sei die wichtigste Aufgabe. Dazu aber müßten Vorbedingungen geschaffen werden: Wiederaufbau der Häuser, kommunale Infrastruktur und Arbeitsplätze.

Wieder werden große Erwartungen an Deutschland und Amerika gestellt und Frankreich und England kritisiert. Von beiden nimmt er an, daß sie an einer Krise zwischen Deutschland und Rußland interessiert sind. Slišković glaubt, daß die Probleme Bosniens keine geopolitischen sind, sondern durch die Instrumentalisierung der verschiedenen Kulturen hervorgerufen wurden. »Alle Serben in einem Staat, das ist mehr als Faschismus.« Für ihn ist Bosnien zuerst Heimat, dann Staat. Er beklagt, daß die Parteien, die sich zusammengeschlossen haben, weder technisch noch organisatorisch ausgerüstet sind. Es fehlt an allem: an Fax-Geräten, Telefone, Computer, einem kleinen Bus, mit dem sie auf Wahlkampffahrt gehen könnten. Wenn die Parteien Entwicklungshilfe bekämen, könnten sie mit besserer Organisation bessere Politik in Bosnien machen.

Ich frage ihn, was er von Ilićs Vorschlägen hält. Ja, sagt er, Bosnien müsse Protektorat werden. Es sei besser, Bosnien zwanzig Jahre zu besetzen, als es zu teilen. Er geht sogar noch einen Schritt weiter und meint, auch die Kirchen müßten verboten werden. Das politische Leben dürfe jedoch nicht unterdrückt werden, sondern müsse bestehen bleiben. Die politische Oligarchie der Serben und Kroaten aber müsse gebrochen werden. Sie sei immer eine Gefahr für Bosnien gewesen und damit eine Möglichkeit für den Vormarsch des Islam.

Während des Gespräches sitzen wir in einer verqualmten Neubauwohnung in Hrasno, einem neueren Stadtteil Sarajevos. Kognak, Rindfleischwurst und Tomaten stehen auf dem Tisch. Alle träumen von Schweinefleisch, aber das gibt es in Sarajevo kaum noch. Auf dem Weg zur islamischen Gesellschaft wurde zuerst das Schwein abgeschafft.

Dienstag, 20. August 1996

Gleich früh sind wir zu *Intersped* gefahren und haben die Dialysemaschine geholt. Dann fahren wir in die Serbische Republik und bringen sie ins Kasindo-Krankenhaus. Dort sind wir angemeldet. Die Ärztin ist stark geschminkt und macht ein Gesicht, als wären wir lästiges Personal. Von der Wand des kleinen Arztzimmers schaut Karadžić auf uns herab. Selbst hier im Krankenhaus wird Wahlkampf gemacht und der heimliche Herrscher der Serbischen Republik öffentlich zur Schau gestellt.

Ilić hat mich in den Keller des unabhängigen Fernsehsenders *Studio 99* eingeladen. Dort haben sie den ganzen Krieg über ihre Sendungen produziert. Auf dem Weg dorthin sind die ersten Anzeichen dafür, daß jetzt der Wahlkampf beginnt, nicht mehr zu übersehen. Überall kleben die weißen Plakate mit der grünen Aufschrift »SDA«. Das Straßenpflaster ist professionell mit riesengroßen Buchstaben beschriftet, überall »SDA«. Das verwirrt an den Kreuzungen selbst die Autofahrer. Deshalb waren gestern abend also die Kontrollen besonders scharf. Die Straßen sind in der Nacht trotz der Ausgangssperre bemalt worden. Das kann sich nur eine Partei leisten, die das ganze gesellschaftliche Leben im Würgegriff hat. Der Sender sitzt in dem Gebäude, in dem auch die überwiegend aus alten Kommunisten bestehende SDP Unterschlupf gefunden hat. Wie in alten Zeiten flegeln sich drei junge Kerle in der Pförtnerloge und lassen sich beim Kontrollieren der Ausweise Zeit. Ich kann meinen behalten, ebenso der moslemische Dolmetscher, aber der Kroate Lukac muß ihn abgeben. Sowohl der Dolmetscher als auch Lukac sind bosnische Staatsbürger. Aber das gehört zum alltäglichen Druck auf Serben und Kroaten.

Nachdem wir die winzigen Räume besichtigt haben, setzen wir uns in einen kleinen Raum, der gleichzeitig als Aufnahmestudio dient. Adil Kulenovic, der Fernsehdirektor, kommt hinzu. Wir sprechen wieder über die politische Situation. Daß man immer wieder auf die Politik zu sprechen kommt, erinnert mich jedesmal an die DDR. Der bisherige Kontakt zu den deutschen Intellektuellen war sehr schlecht, aber es gibt ein großes Interesse an solchen Beziehungen. Besonders wünschen sie sich, daß Habermas nach Sarajevo kommt, denn das Thema Terrorismus geistert durch alle Gespräche. Auch auf den Sender wurde bereits ein Anschlag verübt. Adil sagt, das sozialistische Kollektiv sei durch das nationalistische ersetzt worden. In ihren Sendungen aber bemühen sie sich, allen Seiten gerecht zu werden. Wenn in einer Sendung drei Kinder mitspielen, muß eines einen moslemischen, eines einen serbischen und das dritte einen kroatischen Namen haben.

Wie haben sie es hier nur fünf Jahre ausgehalten, denn nach kurzer Zeit wird die Luft knapp in den niedrigen Räumen. Jetzt haben sie zwar einen riesigen Raum im Skenderija mieten können, aber bis auf die Grundmauern ist nichts vorhanden.

Mittwoch, 21. August 1996

In den letzten Tagen überschlägt sich alles, und ich bin von morgens bis abends auf den Beinen.

Die FDP macht eine Reise durch Bosnien. Heute habe ich mit Dr. Gerhart und einigen Leuten von der Naumann-Stiftung gefrühstückt. Ich berichte von meinen Erfahrungen in Bosnien und stoße tatsächlich auf offene Ohren. Im Gespräch wird aus dem Vorschlag, ein deutsch-bosnisches Kulturzentrum zu gründen, ein »Deutsches Haus«. Auch nicht schlecht. Hauptsache, die Deutschen sind hier auch politisch vertreten. Da könnten alle politischen Stiftungen und das Goethe-Institut ihren Sitz nehmen. Es muß kein Schmuckkästchen sein, das paßt hier sowieso nicht her, sondern schreckt die Leute eher ab. Aber es ist eine Schande, daß das Goethe-Institut immer noch nicht hier ist. Denn wo wäre der Dichter des West-östlichen Diwan wohl besser am Platz als in Sarajevo, wo sich die Kulturen mischen wie nirgendwo sonst in Europa. Wir sprechen über die Notwendigkeit, die nicht ethnisch orientierten Politiker und die unabhängigen Medien zu unterstützen. Auch das Zeitungsprojekt der Franziskaner und Ivo Komšićs steht auf der Tagesordnung. Hoffentlich bleibt alles nicht nur schönes Gerede.

Vor allem aber berichte ich über unsere Erfahrungen beim Bauprojekt. Zu Beginn gab es große Schwierigkeiten. Als wir noch ganze Häuser aufgebaut haben, hatten auch die Hausbesitzer untereinander viel Streit. Jeder fühlte sich benachteiligt und war auf seinen Nachbarn neidisch. Außerdem waren viele nicht bereit, mitzuarbeiten, sondern saßen rauchend, sich über die Qualität unserer Arbeit beschwerend, neben ihren Häusern. Nachdem die Mitarbeiter von *Cap Anamur* wegen dieses Zustandes schon ganz frustriert waren, haben wir beschlossen, nur noch Dächer zu bauen. Wir waren überrascht, daß die Bosnier sich damit einverstanden erklärten. Ja, die Dächer sind das wichtigste, denn der Winter stehe vor der Tür, und noch einen Winter würden viele Häuser ohne Dach nicht überstehen. Plötzlich arbeiteten alle mit. Wenn wir Zement erhielten, kamen alle, um den LKW abzuladen. Jeder war daran interessiert, daß die Arbeit reibungslos lief, denn dann rückte auch der Tag näher, an dem sein Dach aufgebaut werden würde.

Aber es gibt weitere Probleme: Wenn die großen Hilfsorganisationen Dachziegel verteilen, können sie oft nicht verbaut werden, weil die Leute kein Geld haben, um sich Nägel, Holz, Werkzeug zu kaufen. Das bringt mich erneut auf den Gedanken, transportable Bauhöfe einzurichten, die von den Leuten genutzt werden können. Natürlich sprachen wir auch über den Wahlkampf. Gerhart meint, in Bosnien hätten sie noch nicht gelernt, was Pluralismus sei. Das glaube ich nicht. Die die Macht haben, wissen es und fürchten ihn, denn er bedroht ihre Macht. Deshalb mußte die Vielfältigkeit der bosnischen Gesellschaft zerschlagen werden. HDZ, SDS und SDA erscheinen mir wie der kroatische, serbische und moslemische Flügel einer großen Einheitspartei. Jeder dieser Flügel soll seinen Teil bekommen, gemeinsam ist ihnen, daß sie ihren Machtkampf auf dem Rücken der Menschen führen und daß sie die in der Tito-Ära schlummernden Konflikte des Vielvölkerstaates zu schrecklichem Leben erweckt haben. Totalitäre Macht weiß immer, daß Demokratie und Pluralismus ihr Ende bedeuten.

Vom Hotel aus bin ich noch schnell mit Rüdiger, unserem Dachdecker, zur Behindertenschule gefahren. Er besichtigte das Dach, und wir beschließen, daß *Cap Anamur* es repariert. Die ungläubigen Augen des Direktors waren wieder der schönste Dank für unsere Arbeit, die ohne die Spender in

Deutschland nicht möglich wäre. Nur deshalb kann man schnell und unbürokratisch helfen.

Dann, um 18.00 Uhr, noch ein Interview bei *Studio 99* über meine Erfahrungen und die Arbeit von *Cap Anamur* in Bosnien. Es freut mich, zu hören, daß ich so gut informiert bin. Aber das ist gar nicht so schwer. Wenn man seine Augen aufmacht und sich in der Gesellschaft von unten nach oben umsieht, vom zurückgekehrten Flüchtling in Ustikolina bis zum Regierungsvertreter, durchschaut man das Wesentliche. Sehr viel Geld fließt oben rein, und unten kommt fast nichts an.

Donnerstag, 22. August 1996

In dem kleinen Parteibüro der HSS empfing mich, nachdem wir einander schon sehr gut in einem kleinen Kreis gekennengelernt haben, sehr offiziell Stanko Slišković mit Kaffee, Kognak und einer kleinen Rede. Das Büro liegt zu ebener Erde, und man kann es gleich von der Straße her betreten. Bürotechnik ist kaum vorhanden. Auch hier wird mir auf meine Frage nach der Mitgliederzahl wieder eine traumhafte Zahl genannt: achtzigtausend Mitglieder. Nachdem ich nicht locker lasse, gibt er zu, daß er nicht genau wisse, aber daß mindestens fünfzig Prozent im Ausland leben würden. Sie hätten sechshundert aktive Mitglieder und daß es sich bei der Zahl von achtzigtausend um Sympathisanten handeln würde. Es müsse eine enge Kooperation zwischen den deutschen Behörden, den Flüchtlingen und den bosnischen Parteien geben, um die Leute zurückzubringen. Es gebe keine Liste, aus der hervorginge, woher die bosnischen Flüchtlinge in Deutschland kämen. Die Parteien müßten während des Wahlkampfes auch über die deutschen Medien zu den bosnischen Flüchtlingen sprechen können.

Da ich mich am nächsten Tag mit FDP-Leuten treffe, erkundige ich mich nach der bosnischen liberalen Partei. Ihre Mitglieder stünden der SDA nah, und sie werde von dieser auch finanziell unterstützt. In Kroatien gebe es ein indirektes Verbot aller Parteien, nur die HDZ könne ungehindert agieren und habe Zugang zu den Medien. Gerade am Tag vorher war eine Wahlveranstaltung der HSS mit Komšić in Kroatien verboten worden. Slišković meinte, daß alle Kriegsverbrecher, auch die kroatischen, verhaftet werden müßten.

Demnächst werden die Vertreter der in der »Vereinigten Liste« zusammengeschlossenen Parteien nach Deutschland eingeladen. Ich empfahl ihnen, ihre Forderungen bei dieser Gelegenheit deutlich zu sagen, auch die, daß deutsche Soldaten in Bosnien bleiben sollen, auch wenn das einige nicht gern hören würden.

Während des Gespräches erinnerte ich mich an unsere Erfahrungen in der DDR mit westdeutschen Politikern. Einige dieser Erfahrungen wären den heutigen bosnischen Oppositionspolitikern sicher von Nutzen. Viele Enttäuschungen könnten sie sich ersparen, denn sie erhoffen sich zuviel Unterstützung von deutschen Politikern.

Freitag, 23. August 1996

Heute ist in Otes wieder ein Dach fertig geworden, Grund genug zum Feiern. Stanko entschuldigte sich, weil es kein Fleisch gibt. Dabei gab es Ćevapčići, Brot, Pita, Tomaten, Lhosa und Bier. Was will man mehr! Es war ein schönes Fest. Die Sonne ging hinter den Ruinen unter, und der Igman verschwand langsam in der herabsinkenden Dämmerung.

Plötzlich wurden, wie in meiner Kindheit, Geschichten vom Krieg erzählt. Stankos Frau erzählte, daß ihr Sohn im Krieg gefallen sei. Er war dreiundzwanzig Jahre alt. Sie hat mit ihrer Familie nach dem Fall von Otes in Sarajevo gelebt. Jetzt versuchen sie, wieder neu anzufangen. Früher hatten sie hier Land, ein Haus, Kühe, Bienen. Jetzt leben sie in einem Schuppen. Über das Dach freut sie sich wie ein Kind.

Im April haben wir mit unserem Wiederaufbauprojekt in Otes begonnen. Heute stehen hier acht fertige Häuser und fünfundzwanzig Dächer, die wir selbst gedeckt haben. Außerdem sind fünfundzwanzig Dächer von den Besitzern neu gedeckt worden, die von uns das Material erhalten haben. Wir haben ein bißchen Leben nach Otes zurückgebracht. Inzwischen gibt es einen Lebensmittelladen und zwei Cafés.

Auch Danko bekommt Dachziegel für sein Haus. Er lebt mit seiner fünfzehnköpfigen Familie in Deutschland und durfte für zwei Monate Deutschland verlassen. Damals kam er zu uns und bat uns um Hilfe. Aber wir meinten, das Haus sei zu sehr zerstört und müsse abgerissen werden. Er aber wollte wenigstens Material haben, das er von uns auch bekam. Seitdem baut er wie wild. Natürlich ist das Haus noch längst nicht fertig, aber er muß wieder nach Deutschland, weil er ansonsten seinen Flüchtlingsstatus verlieren würde. Er möchte wieder nach Hause, kann es aber nicht, weil er seine kleine Sicherheit in Deutschland für eine Ruine aufgeben müßte, in der er noch nicht leben kann. Das ist die deutsche Bürokratie.

Lukac ist glücklich, die Post funktioniert wieder. Er hat heute seine erste Postkarte seit Kriegsende aus Deutschland bekommen. »Drei Moneten, was ist das«, fragt er mich. »Demokratie«, antworte ich lachend. Ab heute gibt es drei Währungen in Bosnien – Dinar, Deutsche Mark und Kuna. Er hat mich heute mit dem Philosophen Nijaz Ibrulj bekannt gemacht, mit dem er zusammen in der bosnischen Armee kämpfte. Warum ist ein Philosoph mit der Kalaschnikow im Krieg? Die Frage beantwortet er sich selbst. Weil es ohne Freiheit kein Denken, keine Liebe, kein Leben gibt. Aber alles, alles ist nach diesem Krieg anders. Was ist das, Denken, Liebe, Leben, der Mensch?

Lukac sagt, seine Frau habe ein Jahr lang im Keller gesessen, aber was Krieg ist, wisse sie nicht. »Ich bin froh über jeden, der nicht weiß, was Krieg ist. Warum bin ich in den Krieg gegangen? Warum? Weil ich dumm war. Dumm!«

Sonntag, 25. August 1996

Langsam beginnt das Abschiednehmen. Angelika ist aus Köln gekommen, um die tschetschenischen Kinderzeichnungen abzuholen. Wir besichtigen alle Projekte. Angelika ist erstaunt, wie weit sie voneinander entfernt liegen und was wir trotz aller Schwierigkeiten erreicht haben. Heute sind wir nach Ustikolina gefahren. Diesmal haben wir Peter mitgenommen, der nach seiner Entlassung aus dem Militärhospital noch ein paar Tage im Schindler-Haus gewohnt hat. Einige aus der Gruppe finden die Entscheidung, ihn nach Ustikolina zu bringen, autoritär. Sie können sich nicht vorstellen, daß es für Arabelas Eltern furchtbar sein könnte, wenn Peter wieder mit ihnen unter einem Dach wohnt, während Arabelas Platz leer bleibt. Am liebsten hätten sie darüber unendlich lange mit mir diskutiert. Aber in den letzten Jahren habe ich im *Neuen Forum* eine harte Schule gehabt, auch was Basisdemokratie betrifft. Ich weiß, man kann alles zerreden. Deshalb ist es wichtig, daß jemand die Diskussion beendet und entscheidet. Das kann ich inzwischen. Ich habe gemerkt, man wird so oder so angegriffen. Deshalb bestimme lieber ich den Punkt, an dem die Diskussion beendet wird. Anders hätte ich wohl auch die Aufgabe hier nicht bewältigt.

Auch in dem Ruinendorf Ustikolina macht die SDA Wahlkampf. Fabrikneue Fähnchen prangen an jeder Ecke. Wo wohl das Geld für diese Kampagne herkommt? Wahrscheinlich haben die recht, die sagen, vor allem aus dem Iran und dem Waffen- und Drogenhandel. Und diese Geschäfte scheinen zu blühen, denn der Bürgermeister fährt inzwischen einen weißen Mercedes, den er von den Iranern geschenkt bekam.

In der Fabrikhalle sieht es schon ganz gemütlich aus. Türen sind eingesetzt worden, ein Schrank, ein Tisch und Bänke sind gezimmert worden. Wir sehen uns die neuen Dachstühle an. Es sieht friedlich aus, wie sich das frische Gebälk gegen den blauen Himmel abhebt. Leider sind bisher noch keine Dachziegel geliefert worden. Die kroatischen LKW-Fahrer trauen sich nicht allein durch die Serbische Republik. Erst am Mittwoch fährt der wöchentliche IFOR-Konvoi vom Flughafen in Sarajevo nach Goražde, dem sie sich anschließen werden.

Angelika und ich gehen noch einmal zu den Bundeswehrsoldaten, die hier stationiert sind. Ohne ihre Hilfe wäre es für die vier *Cap-Anamur*-Leute sehr viel schwerer. Sie können dort duschen, ihre Wäsche waschen lassen, die Feldpost benutzen, fernsehen. Und ab heute bekommen sie auch am Abend eine warme Mahlzeit. Am wichtigsten aber war, daß man ihnen die sicheren Minengebiete zeigte und sie darüber informiert hat, wie sie sich wegen der Minengefahr verhalten müssen, wenn sie zum erstenmal ein Haus betreten.

Beim Abschied sagte ein junger Soldat zu uns, daß er auch gern länger bleiben würde, weil seine Arbeit hier sinnvoll sei.

Montag, 26. August 1996

Nun bin ich doch noch nach Mostar gekommen. Alles habe ich hundertmal im Fernsehen gesehen, aber die Wirklichkeit übertraf alle Erwartungen. Vor Mostar liegt Bjelo Polje, das »weiße Feld«, einst ein sehr fruchtbares Obstanbaugebiet. Es erstreckt sich über zehn Kilometer. Verlassene Gärten und zerstörte Häuser. Noch jetzt erinnert es mich an die ineinander übergehenden Vororte von Verona. Ab und an sitzt jemand an der Straße und verkauft grüne Äpfel. Dann ist man plötzlich in Mostar. Ich bin mit Jola Musa verabredet, dem ehemaligen Direktor des größten jugoslawischen Aluminiumwerkes, das es jetzt auch nicht mehr gibt. Zur Titozeit saß er im Gefängnis. Man wollte ihn während des sich anbahnenden Konfliktes aus dem Verkehr ziehen, denn Musa ist für das Zusammenleben von Kroaten, Serben und Muslimen. Ohne Urteil wurde er nach achtzehn Monaten aus dem Gefängnis entlassen. Er wohnt im kroatischen Teil Mostars und hat eine Firma, die sich mit Entwicklungsprojekten beschäftigt. Musa kandidiert in Mostar für die »Vereinigte Liste«. Er ist ein guter Kandidat, denn er ist in der ganzen Region sehr beliebt. Sein Gesicht und sein Körperumfang erinnern an Breschnew in seiner besten Zeit. Mit Behagen verdrückt er riesige Mengen Fleisch, Salat und Brot. Dazu trinkt er trotz der Hitze eine Flasche Wein. Sein Mitarbeiter Ismet Hadžiosmanovic stellt mir vor dem Essen seine Projekte vor. An diesen achtzig Projekten hat er während des ganzen Krieges gearbeitet. Wie er sagt, um geistig zu überleben. Er hat ein komplettes Investitionsprogramm zum Wiederaufbau der gesamten Föderation erarbeitet. Es basiert auf Familienwirtschaft. In fünf Jahren könnten dreiundsechzigtausend Arbeitsplätze geschaffen werden. Von Wirtschaft habe ich nicht viel Ahnung, aber ich weiß, daß man Bosnien tatsächlich von unten her aufbauen muß, denn nur so sind die mafiösen Strukturen im Land zu umgehen. Die Familien sind auch tatsächlich daran interessiert, daß es wieder aufwärtsgeht. Und sie sind deshalb bereit, bis an die Grenze ihrer Belastbarkeit zu gehen. Bisher hat niemand diese Programme gesehen. Ich werde sie mit nach Deutschland nehmen. Dort wird sich doch einer finden lassen, der sich für die Projekte interessiert!

Zwischen den einzelnen Gerichten philosophiert Musa über die Liebe. Sie sei immer gleich. Das glaubten die jungen Leute nur nicht. Im Alter sei sie sogar noch viel schöner, weil man sie intensiver erlebe, denn es sei vielleicht die letzte.

Die Dolmetscherin hat von ihren neunzehn Jahren zwei als Flüchtling in München verbracht, jetzt studiert sie in Mostar Ökonomie. Sie gibt sich beim Übersetzen große Mühe, aber ich verstehe Musa auch, wenn ich sein genießerisches Gesicht ansehe.

Sein Sohn führt uns nach dem Essen durch Mostar. Vor dem Krieg war die Hälfte der Bevölkerung kroatisch, die andere moslemisch. Heute leben etwa ein Prozent Moslems noch in Mostar. In der Stadt gibt es fünfzigtausend Flüchtlinge. Die alte

Brücke wurde auf Befehl eines Kroaten zusammengeschossen, der vor dem Krieg Regisseur war und historische Filme gedreht hat. Ihre Reste liegen traurig in der Mittagsglut. Der Regisseur soll sogar die Schule in Mostar besucht haben, wird erzählt. Ich habe gelesen, auch Karadžić hat in Sarajevo studiert. Trotzdem hat sie das von der Vernichtung ihrer Jugendstätten nicht abgehalten. Die Grenze zwischen Ost- und Westmostar bildet eine breite, gerade Straße, in der Mitte ein verstaubter Grünstreifen, rechts und links nur noch Ruinen, zerschossene Schönheiten der K.u.k.-Monarchie. Die wenigen Autos rasen aggressiv aneinander vorbei, die aus dem Osten mit blauen Kennzeichen, die aus dem Westen mit violetten. Das heiße Mostar mit seiner unerbittlichen Sonne, dem flirrenden Licht, dem blauen Himmel, von unbewaldeten Bergen umgeben – ja, es bietet schon die Kulisse für einen historischen Film. Aber die Gegenwart ist kein Film, sondern traurige Wahrheit – Krüppel und Bettler auch hier, Flüchtlinge, Ruinen und Angst vor der Zukunft. Bewacht wird das Ganze von der internationalen Polizei, die sich aus sieben Ländern rekrutiert, was natürlich ihre Handlungsfähigkeit gleich Null werden läßt.

Dienstag, 27. August 1996

Abschiedsfeste machen traurig. Melica hat Brot gebacken, die Nachbarin von Lukac Crepes mit Pflaumenmus. Wir trinken Kognak und diskutieren auf Kauderwelsch, aber wir verstehen einander trotzdem. In der Behindertenschule wurde heute mit der Arbeit begonnen. Jörg und Rüdiger probierten das alte Schweißgerät aus, daß die Tschetniks in Ismets Garage stehengelassen haben, ansonsten haben sie alles mitgehen lassen. Jetzt fahre ich bald nach Hause und weiß immer noch nicht, wo all die Fensterrahmen und Türen geblieben sind, die die Serben aus den Häusern mitgenommen haben. Sie sollen sie mit LKWs in die Serbische Republik gebracht haben. Aber auch dort habe ich Häuser mit leeren Fensterhöhlen gesehen.

Cap Anamur bekommt eine Urkunde von der Schule verliehen, ich bekomme auch eine. Zum Abschied schenken sie mir zwei kleine handgewebte Läufer. Ich gehe schnell, denn gerade der Abschied von der Schule fällt mir schwer, weil ich mir vorgenommen hatte, ein Kinderheim aufzubauen. Daraus ist nichts geworden, aber der Wiederaufbau der Schule wird mich auch in Deutschland beschäftigen.

Wir haben beschlossen, dem Fernsehsender *Studio 99* in seinem riesigen Raum im Skenderija Zwischenwände zu ziehen. Ein schneller Entschluß, wir bezahlen die Steine und die Handwerker, die für jeweils zweihundertfünfzig Mark einen ganzen Monat arbeiten.

Cap Anamur sei Dank! Ich kann mit etwas leichterem Herzen Abschied nehmen.

<u>Mittwoch, 28. August 1996</u>

Am Morgen bringt mir Musas Sohn die Kurzfassung der Projekte. Sie müssen Tag und Nacht gearbeitet haben, um sie zu übersetzen. Dann mache ich den ganzen Tag Abschiedsbesuche bei unseren Mitarbeitern. Ich fahre noch einmal zum Minenprojekt und in die Suppenküche. Von Otes und den Menschen, denen wir ein wenig helfen konnten, fällt der Abschied besonders schwer. Alle sind *Cap Anamur* dankbar. Als noch der letzte Schnee lag, haben wir mit dem Bauprojekt begonnen. Jetzt sind die roten Dächer als Hoffnungszeichen nicht mehr zu übersehen. Als letzte besuche ich Sina. Sie spricht etwas deutsch. Bei ihr haben alle am liebsten gearbeitet. Sie war immer freundlich, arbeitete mit und hat sich über alles gefreut. Ihr Haus war eine Ruine. Jetzt sitzt sie in ihrem neuen Wohnzimmer auf einer Decke, die den Teppich ersetzt. Wir trinken Kaffee. »Ihr habt mir soviel geholfen. Als ihr gekommen seid, war ich schon fast verrückt. Jetzt ist alles wie früher. Alles, alles ist wie früher.«

Ich denke, liebe Sina, nichts ist wie früher. Dein Sohn kommt nicht zurück, deine Nachbarinnen sind in aller Welt verstreut. Niemals wird es wie früher sein.

Danach mache ich meinen Abschiedsbesuch bei der deutschen Botschaft. Schieb bleibt nun doch länger als ich in Sarajevo. Aber er ist, im Gegensatz zu mir, ganz froh, Bosnien Ende des Monats verlassen zu können. Die Bürokratie macht müde. Jeder schiebt die Entscheidungen vor sich her. Ich dagegen hatte seit Jahren wieder einmal das Gefühl, daß ich eine sinnvolle Arbeit gemacht habe und daß sie nicht ergebnislos war.

Mein letzter Besuch gilt Michael Steiner. Er ist der zivile Koordinator und der Stellvertreter des Hohen Kommissars Carl Bildt. Ich habe viel Sympathie für ihn. Er ist vielleicht einer der wenigen, die wissen, was man in Bosnien machen müßte. Viele Menschen in Bosnien haben großes Vertrauen zu ihm und wünschen sich, daß er die Stelle Carl Bildts einnehmen würde. Bildt scheint der typische Intellektuelle zu sein, der diese Gesellschaft nicht wirklich versteht und keinen passenden Ansatz für seine Aufgabe findet. Ansehen besitzt er jedenfalls nicht. Für die Entwicklung des Friedensprozesses in Bosnien wird es aber darauf ankommen, daß Bildts Nachfolger jemand ist, der das Vertrauen der Menschen besitzt und hinter dem auch die Amerikaner stehen.

Das Treffen mit ihm ist für 18.00 Uhr angesetzt, ich bin aber etwas früher da. Zwei seiner Mitarbeiter kommen auf mich zu, als ich aus dem Auto steige. Wir gehen in der Nähe noch einen Kaffee trinken. Sofort werden sie von einem älteren Mann angesprochen, der für seinen arbeitslosen Sohn, der Jurist ist, eine Stelle sucht. Sie scheinen hier bekannt zu sein. Steiner freut sich tatsächlich, mich zu sehen. Er war 1989 in der Prager Botschaft, als Tausende von DDR-Flüchtlingen dort Asyl suchten. Warum ich nicht früher gekommen sei, fragt er mich. Ich habe erst meine eigenen Erfahrungen hier machen wollen, aber jetzt interessiert mich seine Meinung sehr. Wir sprechen über die politische Zukunft Bosniens. Wir sind uns einig, daß die internationale Administration nie einem Protektorat zustimmen würde. Es komme darauf an, das Land strukturell zusammenzuhalten, sagt er. Acht Milliarden Mark seien bereits in den militärischen Teil geflossen, aber es müßten vor allem die zivilen Strukturen gestärkt werden. Die Integration der Institutionen sei auch eine wichtige Aufgabe des zivilen Koordinators. Militärische Präsenz sei in der nächsten Zeit noch notwendig, aber sie solle nicht so hoch sein, denn durch zuviel Militär werde immer wieder deutlich gemacht, wieweit das Land noch von der Normalität entfernt sei. Das erzeuge Angst. Aber vor allem die Angst müsse überwunden werden. Zwanzigtausend Soldaten, die in polizeilicher Richtung agieren müßten, seien genug. Wir sind uns einig, daß finanzielle Hilfen unbedingt an Forderungen im Menschenrechtsbereich geknüpft werden müssen. Ebenso wichtig ist es, daß im kleinen finanziert wird. Im regionalen Bereich müssen ohne großen bürokratischen Aufwand Kleinkredite vergeben werden. Steiner erzählt mir von der Absicht, eine Kommission von etwa dreißig bis vierzig Bürgermeistern zu bilden, die über solche Kredite entscheidet. Die Portugiesen hätten bereits eine Million Dollar für einen solchen Fonds bereitgestellt. Vor allem aber sei es wichtig, dem zivilen Koordinator das Recht zu geben, gemeinsam mit einer kleinen, multikulturell zusammengesetzten Kommission, zivile Leute zu feuern – zum Beispiel korrupte Bürgermeister. Ein entsprechender Gesetzentwurf liege zwar bereits seit einiger Zeit im Parlament, aber ob er angenommen wird, ist fragwürdig.

Längere Zeit sprechen wir über die Rückkehr der Flüchtlinge. Steiner träumt von einem »Tag der Rückkehr«. Er sollte in etwa zwei Jahren sein und müßte sehr gut, vor allem auch politisch, vorbereitet werden. Eine Woche lang müßte die Möglichkeit bestehen, daß jeder dahin geht, wohin er will. Alle müßten ohne Angst dahin gehen können, woher sie gekommen sind.

Donnerstag, 29. August 1996

Auf dem Weg nach Zagreb denke ich an Melica. Als ich gestern nacht nach Hause kam, stand sie in ihrem weißen Leinenhemd in der Küche und wartete auf mich. Sie schenkte mir zum Abschied ein Deckchen, das sie selbst bestickt hat, als ihre Hand noch nicht durch einen Granatsplitter unbeweglich war. Wie lange wird sie noch ihren Nachbarn standhalten und in ihrem Haus bleiben? Bald ist sie allein, weil auch Jörg weggehen wird, wenn *Cap Anamur* seine Projekte hier beendet hat.

Wir fahren wieder von Sarajevo bis Tusla, erst durch die zerstörten Dörfer, dann durch den serbischen Korridor. Dort, wo der Korridor beginnt, ist ein riesiger Markt entstanden. Wie in alten Zeiten mischen sich hier Kroaten, Serben und Moslems, kaufen und verkaufen. Viele Serbinnen stehen an der Straße und verkaufen Zigaretten. In den letzten Monaten ist der Verkehr rege geworden. An der Fähre bei Orašje wartet eine riesige Autoschlange. »Die Wartezeit beträgt sechs Stunden«, sagt jemand. Viele Autos haben deutsche Kennzeichen, aber die Insassen sprechen serbokroatisch. Plötzlich taucht auf der Gegenspur ein Auto auf mit einem Aufkleber von *Cap Anamur*. Es ist Marcel, Rupert Neudecks Sohn, auf dem Weg nach Sarajevo. Wir hatten ihn schon gestern abend erwartet. Nun fahre ich beruhigt nach Hause.

<u>Sonntag, 15. September 1996</u>

Als ich nach Deutschland kam und in die erstbeste Zeitung sah, waren Gregor Gysi und Manfred Stolpe immer noch, oder gerade wieder, in den Schlagzeilen. Über die Ladenöffnungszeiten und die Spaßmaßnahmen wurde genauso gezetert wie vor drei Monaten. Nach Bosnien haben mich nicht viele gefragt, dafür aber nach dem Bürgerbüro, das immer noch kein Geld hat.

Man fährt nicht drei Monate nach Sarajevo und schlägt dann die Tür hinter sich zu. Ich bin wieder zu Hause, aber Bosnien begleitet mich. Inzwischen habe ich einige Interviews über meine Eindrücke gegeben und einige Vorträge gehalten. Mit dem Sozialministerium in Sachsen-Anhalt bin ich im Gespräch, um die Rückkehr der Kinder und Lehrer von Pretzsch nach Sarajevo zu bewirken. Überall gibt es Angst, sich diesem Thema zu stellen und Entscheidungen zu treffen. Es ist klar, daß nicht alle Flüchtlinge einfach zurückgeschickt werden können. Wohin auch? Aber diese könnten zurück.

Gerade jetzt müßten die politisch Verantwortlichen Beweglichkeit an den Tag legen. Aber ich ahne, daß auch dieses Thema zu einer Schlammschlacht in den Medien verkommen wird und die Flüchtlinge im Regen stehenbleiben.

In der vergangenen Woche bin ich nach Pretzsch gefahren und habe mit dem Direktor des Heimes und den bosnischen Lehrern gesprochen. Sie sprechen zwar von Rückkehr, aber ihren Augen sehe ich an, daß sie bleiben wollen. Das ist auch verständlich, denn zu Hause warten der Winter und viele Schwierigkeiten auf sie. Aber wenn sie nicht zurückkehren, muß der dortige Schulbetrieb eingestellt werden. Von dem Geld, das durch ihre Rückkehr frei würde, könnte ein Teil für die Renovierung der Schule und für Hilfeleistungen zur Verfügung gestellt werden. Aber das müßte direkt geschehen und nicht über das bosnische Bildungsministerium, weil sonst zuviel versickert. Die Lehrer müssen sich entscheiden, ob sie Asyl beantragen oder zurückkehren, und das Sozialministerium, ob es dabei helfen will oder nicht.

Auch ich muß mich entscheiden, wie ich weiterleben will. Zu Gysi, Stolpe und Konsorten ist alles gesagt worden. Die deutsche Gesellschaft hat sich dafür entschieden, mit ihnen weiterzuleben, als wäre nichts geschehen. Dasselbe wünscht sie sich von den Bosniern. Auch sie sollen mit ihren Mördern friedlich zusammenleben. Beides wird nicht gehen.

Die Verräter und die Mörder haben tiefe Wunden hinterlassen. Sie haben ihre jeweilige Gesellschaft tief aufgewühlt und verändert. Die eine hat es noch nicht bemerkt, die andere ist bereits auseinandergebrochen, und darunter sind Nationalfaschismus und Fundamentalismus hervorgekrochen.

Als ich mich von Michael Steiner in Sarajevo verabschiedete, sagte er nachdenklich, daß sich jetzt in Bosnien, Serbien und Kroatien der Satz bestätigen würde »Das Böse am Bösen ist, daß es böse macht«.

Ich bin nicht mit der Meinung zurückgekommen, daß dies alles bei uns nicht möglich sei, daß sich auf dem Balkan nur ein paar Wilde die Köpfe eingeschlagen hätten, weil sie eben schon immer so eine Mentalität hatten.

Wenn ich an die Geschichten denke, die mir die Menschen in Bosnien erzählt haben, wird mir klar, wie dicht das Gute und das Böse beieinander liegen. Aber manche Menschen sind wirklich nur böse. Was macht man mit ihnen? Ich weiß es auch nicht.

Dummheit und Gleichgültigkeit machen es dem Bösen überall leicht, sich durchzusetzen. Es ist schwer, etwas dagegen zu tun. Aber man muß es versuchen.

June Leavitt

Hebron, Westjordanland:

Im Labyrinth des Terrors

Ullstein Buch 33219

Was bewegte den Mörder von Yitzhak Rabin? Wer sind die jüdischen Siedler, die alles daran setzen, den Friedensprozeß im Nahen Osten zu verhindern? June Leavitt schildert in ihrem Tagebuch, wie aus dem national-religiösen Idealismus jüdischer Einwanderer unter der permanenten Bedrohung durch den arabischen Terrorismus rücksichtslose Gewaltbereitschaft wird. Sie zeigt, wie die Menschen um sie herum Schritt für Schritt in ein Labyrinth des Terrors geraten, aus dem auch sie selbst am Ende keinen Ausweg weiß, keinen anderen als diese erschütternden Aufzeichnungen.

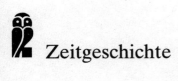

Zeitgeschichte

Freya Klier

Penetrante Verwandte

Kommentare, Aufsätze und Essays in Zeiten deutscher Einheit

Ullstein Buch 33212

Die Schriftstellerin, Regisseurin und prominente DDR-Bürgerrechtlerin Freya Klier legt hier erstmals eine Sammlung ihrer vielbeachteten Aufsätze und Essays zum Thema »Deutsche Einheit« vor.

»Penetrante Verwandte« ist die Bestandsaufnahme einer unbestechlichen Frau.

Zeitgeschichte